LES SCIENCES SOCIALES
ET L'AVENIR DE L'AFRIQUE

Lauréats du Concours de dissertation
du 30ᵉ anniversaire

Knowledge Rajohane Matshedisho
Claude Abé
Mildred Kiconco Barya
Esther Van Heerden
Ingrid Palmary

CONSEIL POUR LE DÉVELOPPEMENT DE
LA RECHERCHE EN SCIENCES SOCIALES
EN AFRIQUE

CODESRIA

ISBN : 2-86978-171-7   ISBN-13: 978-2-86978-171-7

Mise en page : Hadijatou Sy

Couverture : Ibrahima Fofana

Impression : Lightning Source

Le Conseil pour le développement de la recherche en sciences sociales en Afrique (CODESRIA) est une organisation indépendante dont le principal objectif est de faciliter la recherche, de promouvoir une forme de publication basée sur la recherche, et de créer des forums permettant aux chercheurs africains d'échanger des opinions et des informations. Le Conseil cherche à lutter contre la fragmentation de la recherche à travers la mise en place de réseaux de recherche thématiques qui transcendent les barrières linguistiques et régionales.

Le CODESRIA exprime sa gratitude à certains gouvernements africains, à l'Agence suédoise pour la coopération en matière de recherche avec les pays en voie de développement (Sida/SAREC), au Centre de recherches pour le développement international (CRDI), à la Fondation Rockefeller, à la Fondation Ford, à l'Agence danoise pour le développement international (DANIDA), au ministère français de la Coopération, au Programme des Nations Unies pour le développement (PNUD), au ministère néerlandais des Affaires étrangères, FINIDA, NORAD, CIDA, IIEP/ADEA, à la Fondation Mac Arthur, OECD, IFS, Oxfam America, UN/UNICEF, et au Gouvernement du Sénégal pour leur soutien généreux à ses programmes de recherche, de formation et de publication.

Sommaire

Les auteurs

Knowledge R. Matshedisho est inscrit en Doctorat au département de sociologie à l'Université du Cap, où il a enseigné pendant quelques années. Il est actuellement enseignant en sociologie à l'Université de Witwatersrand en Afrique du Sud.

Claude Abé est titulaire d'un Doctorat de sciences de l'information et de la communication (Paris XIII), d'un DEA de sociologie politique et prépare actuellement une thèse en sociologie. Il est chargé de cours à l'Université catholique d'Afrique centrale (à Yaoundé au Cameroun). Outre l'épistémologie de la pratique des sciences sociales en Afrique, les phénomènes de communication sociale, les enjeux des dynamiques urbaines de sociabilité et la ritualisation du politique en Afrique constituent ses principaux domaines de recherche.

Mildred Kiconco Barya est écrivain, poète et consultant en ressources humaines. Elle est l'auteur de plusieurs poèmes, nouvelles et articles publiés dans des magazines, journaux, et anthologies en Afrique, en Europe, et aux États-Unis, dont une collection de poèmes intitulée *Men, Love Chocolates But They Don't Say* ; *Call me a Panda*, un roman pour enfants publié chez Fountain Publishers ; et « Effigy Child », une nouvelle pour la Commonwealth Broadcasting Association, et *Raindrops*, une anthologie de nouvelles publiée par FEMRITE en Ouganda.

Esther van Heerden prépare présentement un Doctorat en anthropologie sociale à l'Université du Cap. Elle est diplômée de l'Université de Stellenbosch (licence en Études internationales) et de l'Université du Cap (maîtrise en anthropologie sociale) en Afrique du Sud. À Uppsala, en Suède, dans le cadre d'un programme d'échange universitaire, elle a travaillé à un projet de recherche sur la transmission du VIH et l'alimentation infantile. Ses recherches portent sur les dimensions spatiale et temporelle des festivals des arts sud-africains.

Ingrid Palmary fut chercheur senior au Centre pour l'étude de la violence et la réconciliation ; elle est présentement en service à l'Université de Witwatersrand, dans le cadre du programme d'études sur la migration forcée. Ses publications portent sur le genre et la migration forcée, l'activisme féministe, le lien entre la « race » et le genre dans les conflits armés, la violence familiale et les méthodes de recherche en sciences sociales.

Paroles d'avenir

Suffit-il de proclamer que les jeunes sont notre avenir pour assurer l'avènement de celui-ci ? Bien plus que des mots, cet avenir a besoin d'un soutien concret, d'une attention soutenue qui favorise sa réalisation. Dans les temps présents, la jeunesse africaine, bien plus qu'à l'époque de leurs aînés, est bridée par les contraintes multiples que produit une conjoncture historique particulièrement défavorable. En effet, les difficultés actuelles qui assaillent l'ensemble du continent touchent encore plus durement les jeunes qui ne voient pas l'horizon de leur vie s'éclaircir. Plus grave encore, la jeunesse est l'objet d'une stigmatisation collective qui la montre plus comme une catégorie dangereuse qu'un groupe porteur d'avenir. Certains la trouvent dangereusement dévoyée, d'autres la voient définitivement plongée dans la jouissance insouciante des biens de la société de consommation : la jeunesse africaine est objet de tous les reproches. Elle est injustement chargée de toutes sortes de vices et l'apathie supposée des jeunes provoque une inquiétude légitime et favorise le développement de toute sorte de sentiments afro-pessimistes. Les jeunes d'aujour-d'hui, contrairement à leurs aînés, sont, affirme-t-on, moins engagés et par conséquent interviennent très peu sur les grands enjeux africains. La jeunesse africaine serait désespérément silencieuse. La jeunesse africaine peut-elle assurer la prospérité future du continent ? Questionne-t-on souvent avec une anxiété visible. Faut-il désespérer des nouvelles générations ? Mais si la jeunesse est souvent critiquée et décriée, elle est rarement écoutée. Le prétendu mutisme de la jeunesse est sans doute dû à la surdité des anciens. Il est alors urgent de donner la parole à la jeunesse universitaire africaine afin qu'elle définisse et discute, elle-même, ses projets d'avenir. Il est désormais établi qu'aucune action consciente visant l'amélioration de l'existence humaine ne connaît de succès sans qu'elle ne soit éclairée par la connaissance. La responsabilité des chercheurs et particulièrement des plus jeunes d'entre eux est engagée ; produire du savoir et le mettre à la disposition des populations africaines est un apport décisif. Conscient de la nécessité d'encourager les échanges d'idées et d'expériences entre les jeunes Africains, le CODESRIA a décidé de leur réserver, dans le cadre d'une initiative stratégique destinée à promouvoir les jeunes chercheurs, une collection intitulée «Interventions».

L'objectif de cette initiative est, par la publication d'essais rédigés par des jeunes, de favoriser le débat libre au sein de la jeunesse africaine sur les questions touchant l'avenir de l'Afrique. Ces ouvrages devraient, nous l'espérons, consacrer l'intervention constante, impertinente et irrémédiablement tournée vers l'avenir des jeunes universitaires dans les débats publics et/ou académiques où se joue le destin du continent. Cette publication est conçue comme un agitateur collectif qui examinerait les différents aspects du développement des sociétés africaines et qui entraînerait une prise de conscience de notre futur commun. Les textes composant le présent volume sont les résultats d'un concours de dissertation organisé à l'occasion du trentième anniversaire du CODESRIA. De jeunes chercheurs de moins de trente ans ont été invités à réfléchir sur les rapports complexes à élucider entre les apports des sciences sociales et la construction d'un futur africain. Car, une des grandes questions de l'époque présente, lorsqu'elle est projetée sur le devenir, est celle du rôle de la connaissance scientifique dans l'amélioration de la vie des individus. Ce lien étroit établi entre pratique scientifique et évolution du bien-être des sociétés constitue un défi pour l'ensemble de la communauté scientifique africaine dans laquelle les jeunes sont amenés à jouer un rôle considérable. Les cinq textes publiés ici sont certes des réponses individuelles de jeunes chercheurs, mais ils reflètent également les caractéristiques d'un itinéraire collectif, celui d'une certaine jeunesse africaine qui ne baisse pas les bras, qui s'affirme déjà en usant d'une pensée assurée, exigeante mais déjà irriguée d'une sagesse précoce. Critiques du passé et insatisfaits de notre sort présent, les différents auteurs tentent de tracer un chemin inédit, en tous cas, propre à l'esprit et à l'orientation que chacun, de son point de vue, voudrait donner à la pratique scientifique, au statut du chercheur et à la perspective historique africaine. Un début de dialogue y est déjà perceptible et de là une certaine unité d'objectif s'y dessine résolument. Dans ces différentes thèses, d'aucuns y liront une certaine naïveté, une candeur même et peut-être un optimisme ingénu. Il me semble cependant que personne d'honnête ne pourra reprocher à ces jeunes auteurs un manque de sincérité et d'engagement ; nul ne pourra ne pas voir dans ces textes une volonté manifeste à la fois d'être chercheur et de mettre cette science nouvellement acquise au service de l'Afrique. En traquant le sens caché du fonctionnement des sociétés africaines du présent et du passé, les jeunes auteurs aideront à bâtir un devenir éclairé.

Nous espérons qu'à la lecture de ces essais, de nombreux jeunes trouveront une motivation supplémentaire pour écrire, pour prendre la parole qui leur est due, pour s'exprimer et faire de cette collection l'écho approprié de paroles d'avenir qui manquent encore si cruellement à l'Afrique. Des plus anciens, ils recevront, en même temps que des conseils de sagesse et de raison pour mieux faire, des encouragements à plus de persévérance afin de bâtir un futur africain prospère. Pour assurer le succès de cette entreprise, les ouvrages de cette collection devraient être lus, critiqués et en retour susciter d'autres écrits. Bonne lecture et à vos plumes !

Adebayo Olukoshi   Jean-Bernard Ouédraogo
Secrétaire exécutif   Chef du Département
CODESRIA   Bourses, Formation et Subventions
                                                  CODESRIA

Réinterpréter et reconstruire l'Afrique : le défi de la recherche en sciences sociales

Knowledge Rajohane Matshedisho

Introduction

Je soutiens que les sciences sociales sont pertinentes pour la reconstruction et la réinterprétation de l'Afrique. Mon argument se fonde sur quatre prémisses. La première est que les sciences sociales, telles que conceptualisées en Occident et introduites en Afrique, ont formellement rejeté l'interprétation de l'Afrique en tant que continent civilisé et partant, justifié l'esclavage et le colonialisme. La deuxième prémisse est que les sciences sociales ont été utilisées partout en Afrique dans les luttes populaires et littéraires contre la colonisation des pays de ce continent. La troisième prémisse est qu'en Afrique post-indépendances, les sciences sociales peuvent et doivent être utilisées dans la reconstruction du continent. La dernière prémisse est que dans le processus de reconstruction et de réinterprétation de l'Afrique, il est essentiel qu'il y ait une approche multidisciplinaire aussi bien au sein des sciences sociales qu'entre les sciences sociales et les sciences naturelles, les sciences commerciales et les technologies de l'information et de la communication.

La première partie de mon essai est une analyse du discours colonial en Afrique et de la compréhension coloniale de la société civile. La deuxième partie décrit le rôle des sciences sociales dans les luttes populaires contre le colonialisme en Afrique. La troisième partie argumente en faveur d'un besoin plus grand des sciences sociales en Afrique postcoloniale qu'on ne semble l'accepter aujourd'hui. La dernière partie préconise une approche multidisciplinaire des études et recherches en sciences sociales.

Société civile, colonisation et sciences sociales en Afrique

Dans son analyse provocante publiée dans *Citizen and Subject*, Mamdani (1996) soutient que le concept de société civile en Afrique s'est développé différemment de celui de l'Europe. La construction du concept et son application en Afrique ont été imprégnés du discours racial colonial de « l'altérité ». Le concept de société civile a été utilisé pour différentier les « civilisés » des « non-civilisés » c'est-à-dire les Européens des indigènes africains. La société civile était, par conséquent, une société d'exclusion et de discrimination. C'était un espace ou un terrain socio-économique, politique, esthétique et intellectuel, exclusivement réservé aux Européens et expressément interdit aux « sujets » indigènes africains. Mamdani (1996:19) fait remarquer que

> l'histoire de la société civile en Afrique coloniale est empreinte de racisme. C'est cela, en quelque sorte, son péché originel, car la société civile était d'abord et avant tout la société des colons. Elle était aussi principalement une création de l'État colonial.

Mamdani part de cette observation pour faire comprendre le développement et la structure de l'État en Afrique. Pour ma part cependant, j'utilise cette observation pour affirmer que la représentation et la « compréhension » de l'Afrique dans la recherche occidentale en sciences sociales ont été aussi racistes et eurocentriques.

Le concept de société civile tel qu'appliqué à l'Afrique par les colons englobait la représentation erronée et la suppression de l'art, de la musique, de la religion, de l'éducation, de l'histoire, de la philosophie, des langues, des idéologies, des économies et de la vie politique africains. Je pense que l'essentialisme est la grande imperfection philosophique qui sous-tend les sciences sociales telles qu'introduites en Afrique, lorsqu'on cherche à « compren-dre » la vie sociale et les formations sociales chez les Africains. Le mot « africain » ne connote pas tout simplement une référence continentale, mais plutôt, connote implicitement une certaine communauté et essence. En effet, « africain », c'est ce qui a certaines propriétés que l'on peut distinguer et sans lesquelles il ne pourra jamais être africain, alors que d'autres propriétés dans le mot africain peuvent être considérées comme non essentielles. Une telle pensée persiste encore aujourd'hui, et je ne la partage pas. Je pense que la notion « d'essence » en Afrique est à la base philosophique de la représentation erronée de l'Afrique dans la recherche en sciences sociales. C'est l'« essence » du « civi-lisé » et du « non-civilisé ». L'« essence » de ce qui compte comme la recherche en sciences sociales et ce qui est rejeté comme n'étant pas la recherche en sciences sociales.

L'analyse préliminaire des sociétés africaines utilisant des outils conceptuels européens était étayée par le racisme scientifique.

Pendant la période coloniale, la pression du racisme scientifique européen est devenue plus intense et plus sophistiquée. Les scientifiques européens qui contrôlaient bien le terrain pouvaient tout examiner à loisir : évaluer les mineurs en Afrique du Sud, étudier les effets de la malnutrition au Kenya, observer les épidémies au Ghana ou analyser les tabous tribaux en Rhodésie (July 1989:203).

Le discours était caractérisé par l'application des catégories anthropologiques occidentales de formations sociales et des processus humains au sein de ces formations. Avec ces outils conceptuels, l'apparence physique des peuples africains, leur cuisine, leurs religions, leur musique, leurs danses, leur culture étaient comparées à la grille anthropologique occidentale et n'y correspondaient pas. En conséquence, ce qui ne correspondait pas à l'Europe était considéré comme «non-civilisé», « barbare », « sauvage », « idiot », « bestial » et « primitif ». Tous ces qualificatifs étaient synonymes de peuples indigènes d'Afrique, par opposition aux Européens « civilisés ». Dès le début, les chercheurs européens ont compris le genre de peuple africain comme étant « les autres » qui n'étaient pas civilisés et qu'il fallait « civiliser ». Le besoin de « civili-ser » les Africains a été un thème récurrent du processus de colonisation, même en Afrique postcoloniale. Cependant, dans cette Afrique postcoloniale, on a transité du discours de civilisation au discours de développement. La recherche occidentale en sciences sociales est passée de civiliser l'Afrique à développer l'Afrique.

La théorie du développement est le dernier exemple du problème de l'essentialisation de l'Afrique. L'idée de développement telle que conceptualisée et comprise dans la recherche occidentale en sciences sociales est un mode de pensée fonctionnaliste. Le développement a été compris comme un processus linéaire des sociétés préhistoriques aux sociétés capitalistes modernes. Rostow (1960) a analysé le développement des sociétés occidentales de cette façon linéaire appelée théorie de la modernisation. Il a conclu à ce sujet : « On peut identifier toutes les sociétés, dans leurs dimensions économiques, comme rentrant dans cinq catégories : la société traditionnelle, les conditions préalables au décollage, le décollage, la conduite à la maturité et l'âge de la forte consommation de masse ». Il va sans dire qu'une telle

compréhension du développement économique a caractérisé
la politique de développement en Afrique et qu'elle a été
principalement utilisée pour expliquer le sous-développement
en Afrique aussi. Le discours du développement, tel que compris
et étayé par la théorie de la modernisation, a, depuis les années
1950, non seulement fait une représentation erronée des
économies africaines et de leur déstabilisation coloniale, mais
aussi réduit au silence les différentes voix à l'intérieur du
continent. L'histoire et le « développement » de l'Afrique étaient
compris, dans le cadre de la théorie de la modernisation par
l'essentialisme, dans ce qui est considéré comme
essentiellement africain et ce qui est considéré comme
essentiellement européen. Pour être « civilisée », l'Afrique devait
aussi suivre le modèle de développement de l'Europe. « Les
Africains étaient un peuple qui n'avait pas d'histoire, qui ne
savait rien de son environnement, qui n'avait aucune
technologie de base, etc. Aussi a-t-on pensé que les structures
colonisatrices déjà en place pouvaient être étendues pour se
charger de toute la transformation physique et sociale nécessaire
» (Nketia 1994:7). Cette transformation devait se produire non
seulement en développant l'Afrique au plan économique, mais
aussi, en ce qui concerne le mode de vie culturel, historique,
politique, religieux et esthétique. L'Afrique devait être l'Europe.
Telles étaient les disciplines des sciences sociales concernant
l'Afrique.

   Non seulement la recherche occidentale en sciences sociales
a fait une représentation erronée de l'Afrique, elle a aussi fait
abstraction de la recherche africaine en sciences sociales. Nketia
(1994:11) observe que

   la place des sciences sociales africaines dans le monde
   universitaire a toujours été problématique en raison d'une
   tendance naturelle à accorder la place d'honneur à l'expérience
   occidentale. Ainsi, jusqu'à une époque récente, musique, art,
   littérature, etc. signifiaient musique occidentale, art occidental,

littérature occidentale, à moins qu'ils ne soient spécifiquement qualifiés. Les universités américaines établissent des listes de cours à suivre pour satisfaire les exigences des sciences sociales: littérature anglaise, musique, et ensuite littérature africaine, musique du monde, etc., par exemple.

Nketia (1986) indique en outre comment la musicologie africaine a été étudiée à travers la compréhension occidentale de la musique et comment de telles études ont changé en réinterprétant et réétudiant la musicologie africaine. Mazrui (1986:14) cite un Professeur d'Histoire à Oxford, en 1963, qui a dit que l'histoire africaine est l'étude des « girations infructueuses de tribus barbares dans des parties du globe pittoresques mais sans intérêt ». Dans le même ordre d'idées, Mamdani (1998:1) observe :

historiquement, les Études africaines se sont développées en dehors de l'Afrique, et non à l'intérieur. C'était une étude des Africains, mais pas par les Africains. Le contexte de ce développement était le colonialisme, la guerre froide et l'apartheid. Cette période a structuré l'organisation des études de sciences sociales dans les universités occidentales... Les disciplines étudiaient l'expérience des Blancs en tant qu'expérience universelle, humaine : le domaine étudiait l'expérience des peuples de couleur en tant qu'expérience ethnique.

Diop (1996) argumente également contre le déplacement colonial de l'histoire en Afrique. En particulier, il plaide en faveur d'un développement intellectuel en Afrique avec une connaissance du contexte africain. Sa conclusion et son argumentation générales sont que la recherche occidentale en sciences sociales a supprimé l'histoire de la civilisation en Afrique noire et qu'il y a un besoin urgent de redécouverte de l'Afrique par des chercheurs africains guidés par une idéologie et une culture africaines. Les sciences sociales telles qu'introduites en Afrique étaient imprégnées d'essentialisme et de racisme.

Les sciences sociales en Afrique postcoloniale

Il découle des arguments ci-dessus que les chercheurs africains préconisent la réinterprétation de l'Afrique dans les sciences sociales et la réorganisation des outils analytiques utilisés dans ces disciplines. Marks (2000) soutient qu'il faut enseigner les sciences sociales dans les universités sud-africaines, essentiellement pour quatre raisons. Premiè-rement, pour réfuter les mythes créés par la conceptua-lisation occidentale de l'Afrique ; deuxièmement, pour réinterpréter l'histoire en Afrique, d'une manière non essentialisante ; troisièmement, pour étudier les sciences sociales d'une manière qui ne juxtaposera pas sciences naturelles et sciences sociales de façon diamétralement opposée, mais plutôt, dans des positions qui s'imprègnent mutuellement pour le développement du continent, tant en termes de technologie que de vie sociale. Enfin, pour se rendre compte que l'étude de l'Afrique a déstabilisé les outils conceptuels occidentaux, et appeler à la reconceptualisation de la recherche, aussi bien africaine qu'occidentale, dans le domaine des sciences sociales.

Bates (1993) a compilé des articles traitant de la contribution de la recherche africaine aux sciences humaines et aux sciences sociales. (Il fait la distinction entre les sciences humaines et les sciences sociales.) Ces articles démontrent comment l'étude des sociétés africaines a permis une meilleure compréhension de l'Afrique en mettant en question l'épistémologie occidentale. Par exemple, Moore (1993) se focalise sur l'étude anthropologique des Études africaines avant les années 1960 et plus récemment. Elle montre comment une étude réflexive des sociétés africaines a changé les outils et le contenu analytiques de l'anthropologie en général, et dans le contexte africain. Dans le même ordre d'idées, Miller (1993) commence à se demander comment les études littéraires pouvaient être comprises en Afrique, alors qu'une partie de notre histoire est orale et que les colonialistes écrivent l'autre partie dans les langues coloniales. Ces deux auteurs ainsi que les autres indiquent le besoin de se servir des sciences sociales ou des humanités dans la reconstruction intellectuelle de notre passé. L'objectif n'est pas de proposer des sciences sociales africaines, mais plutôt, de recréer les disciplines des sciences sociales de manière à réfuter les mythes de la compréhension des sociétés africaines.

Je pense que la pertinence du rôle des sciences sociales en Afrique contemporaine est justifiée par le consciencisme de Kwame Nkrumah, l'intégration culturelle de Mazrui, le modernisme et l'universalisme scientifique de Masolo, la philosophie interculturelle de Bell et ma compréhension de la mondialisation et de l'enseignement supérieur. Mazrui (1986) fait bon accueil au consciencisme de Kwame Nkrumah, qui reconnaît l'expérience de l'Afrique avec la culture indigène africaine, les influences islamiques et chrétiennes et la nécessité d'une synthèse de ces cultures pour le développement de l'Afrique. Il élargit ensuite ce concept pour insister sur le besoin d'une

> quête d'intégration culturelle nationale dans chaque pays africain... une quête de convergence culturelle au niveau continental... une quête d'idéologie du développement compatible avec la culture africaine (Mazrui 1986:34).

Certes, Mazrui présente de bons arguments en faveur de l'intégration culturelle nationale et de l'idéologie du développement, mais son idée d'intégration culturelle panafricaine pose problème, car elle essentialise l'Afrique et cherche pratiquement à l'hégémoniser. Tout comme le discours colonial, qui cherchait à exhumer « l'essence » de l'Afrique,

Mazrui parvient à contrer les mythes, mais travaille toujours dans le cadre de l'épistémologie coloniale de l'essentialisme.

J'ai reconnu les limites de la quête d'homogénéité africaine de Mazrui quand j'ai lu *Understanding of African Philosophy de Bell* (2002). Bell se dit non-Africain. Son livre élimine l'essentialisme dans la compréhension de la philosophie en Afrique. Sans doute, le terme philosophie africaine pourrait induire en erreur en sous-entendant la longue tradition d'une Afrique homogène, mais son analyse rejette formellement l'illusion d'unanimité dans la compréhension des sociétés africaines. Bell reconnaît la diversité et la pluralité de la pensée philosophique en Afrique. Au lieu de chercher à intégrer ces pensées philosophiques dans un tout africain, il soutient qu'on devrait—surtout les non-Africains—se servir d'une telle diversité pour comprendre notre propre philosophie et celle des autres. Il démontre que l'Afrique possède une riche multiplicité de philosophies et que ces philosophies ne peuvent être comprises que si on les écoute et on en tire des enseignements. Il ajoute que les non-Africains peuvent en apprendre davantage sur leurs philosophies en comprenant la philosophie africaine. À cet égard, je pense que Bell cherche à montrer qu'il ne peut jamais y avoir une « essence » de ce qui est africain, européen ou asiatique. Il montre plutôt que les catégories et les « essences » sont confuses dans la vie quotidienne et ne sauraient être justifiées, même en termes philosophiques.

Dans le même ordre d'idées, Masolo (1994) suit la trace des débats de la philosophie africaine et montre comment ils ont émané de l'émotivisme et du logocentrisme, et aussi comment ils ont été imprégnés d'africanisme. Dans son chapitre introductif, il fait le résumé suivant :

> l'histoire de la philosophie africaine est, par conséquent, l'histoire de l'Afrique d'une façon spéciale. C'est l'histoire de l'africanisme dans ses expressions et articulations critiques. Cette quête intellectuelle précède et fonde à la fois les

tentatives diversifiées de déconstruction des vieilles sciences
coloniales. L'histoire est en tête dans les années 1950, suivie de
la littérature dans les années 1960 et des sciences politiques et
de la sociologie dans les années 1970. À la base de la révolution
des années 1960 consistant au transfert du leadership
intellectuel et de l'autorité administrative en général à la gestion
par les Africains eux-mêmes, repose cette quête d'idées neuves
et de formes d'abstraction nouvelles (Masolo 1994:45).

Masolo montre comment la philosophie africaine s'est attaquée
à la philosophie occidentale et à la recherche coloniale en
sciences sociales. Il conclut que la philosophie africaine doit se
départir d'un africanisme défensif et apprécier la diversité en
Afrique et ailleurs, en termes de culture, d'histoire et de
recherche. Il préconise une approche pluraliste de la philosophie
africaine, et déclare :

> il n'y a pas de tradition philosophique unique qui a été faite
> sur mesure et produite comme un produit industriel. Rien ne
> justifie donc qu'un individu ou un groupe essaie de tailler sur
> mesure la philosophie africaine, en prescrivant ce que devraient
> être son contenu, sa méthode de raisonnement et ses normes
> de vérité... Ainsi, tout en disant oui à la personnalité africaine,
> nous devons également dire oui au modernisme technologique
> : oui à la conscience africaine, mais aussi oui à la science
> universelle.

Masolo aussi réfute l'essentialisme en préconisant une identité
africaine qui a une connaissance intellectuelle de la recherche
universelle en sciences sociales. Il soutient qu'il faut un travail
philosophique accru en Afrique, à la fois pour réfuter les mythes
du passé et pour donner de nouvelles significations dans les
autres philosophies du monde et par rapport à elles.

Falola et Jennings (2002) ont compilé plusieurs lectures
traitant de la façon dont les auteurs ont essayé de se servir de
connaissances dans des contextes africains pour mieux saisir le
sens de la recherche africaine, en Afrique comme ailleurs dans

le monde. Ces lectures sont à la fois argumentatives et réflexives dans leur approche des sciences sociales en Afrique. Une observation intéressante au sujet de ces lectures, est le fait qu'elles sont multidisciplinaires et qu'elles n'essentialisent pas l'Afrique, mais plutôt, font de la recherche sur l'Afrique de façon réfléchie. Par exemple, Eagleson (2002) fait un récit historique intéressant sur l'accueil de la chanson populaire kenyane « Malaika » en Amérique. Il cherche à expliquer non seulement le contexte socioculturel dans lequel la chanson a été populairement accueillie, mais aussi, l'aspect technique de la musique et de l'interprétation elle-même, pour rendre compte de l'impact d'une chanson africaine dans un environnement non kenyan, et comment elle a contribué à faire comprendre l'ascension de la musique folk dans le monde entier. Une telle analyse non seulement produit des connaissances à partir de l'Afrique, mais aussi—comme le soutient Masolo—inclut la science universelle à travers laquelle nous pouvons comprendre nos expériences en Afrique, par rapport à d'autres cultures à l'intérieur et en dehors du continent. Une telle analyse non seulement montre la pertinence des sciences sociales en Afrique, mais aussi l'intégration d'approches multidisciplinaires et l'appréciation de la diversité culturelle plutôt que de l'afrocentrisme, qui est l'image inversée de l'eurocentrisme.

Les luttes intellectuelles contre le colonialisme sont importantes en tant que fondement du progrès intellectuel en Afrique. En Afrique postcoloniale et dans l'économie mondiale, il faut faire plus que réfuter tout simplement les mythes coloniaux. La recherche en sciences sociales doit transcender l'émotivisme, le logocentrisme et l'essentialisme. Elle doit s'attaquer aux défis auxquels l'Afrique est actuellement confrontée dans l'économie mondiale faite de capitalisme et de diversités culturelles. Je suis d'accord avec le Groupe de travail sur l'éducation (2000) que seul l'enseignement général pourra traiter l'essentiel des besoins socioculturels et de développement en Afrique. La réinterprétation de l'Afrique dans l'histoire, la littérature et les arts ne peut pas se faire de façon fragmentée ou juste par choix. Il faut plutôt qu'il y ait un effort concerté et synergique. L'enseignement supérieur est le principal terrain sur lequel l'enseignement général pourrait être reconstruit pour faire face aux défis de notre continent. Par enseignement général, on entend ce que l'on appelle habituellement enseignement libéral. La connotation négative du terme enseignement libéral est évidente. Cependant, Masolo nous rappelle que nos besoins contextuels doivent tenir compte de la science universelle à partir de laquelle nous pouvons débattre davantage de nos difficultés. Il y a plusieurs raisons qui font que l'enseignement supérieur et l'enseignement général sont en débat.

Selon le Groupe de travail sur l'éducation et la société (2000:83-84), l'enseignement supérieur doit répondre à des objectifs comme :

* satisfaire la demande des étudiants pour un enseignement de plus en plus sophistiqué et enrichissant ;

* former les personnes qu'il faut pour gérer une société moderne et contribuer à promouvoir son avancement ;

* offrir un lieu de discussion dans lequel une société peut examiner ses maux et identifier des solutions appropriées ; et

* offrir un cadre dans lequel la culture et les valeurs d'une société peuvent être étudiées et développées.

Selon le Groupe de travail (2000:84), l'enseignement général produit un diplômé qui peut penser et écrire de façon claire, efficace et critique, et qui peut communiquer avec précision, bien-fondé et vigueur. Un tel étudiant appréciera de façon critique comment nous acquérons la connaissance et la compréhension de notre univers, de la société et de nous-mêmes. Un enseignement approprié assurera une large connaissance d'autres cultures et d'autres époques, et permettra la prise de décisions fondées sur une référence au monde élargi et aux forces historiques qui l'ont façonné. En outre, l'enseignement général doit développer chez les étudiants l'aptitude à réfléchir systématiquement aux problèmes moraux et ethniques et leur permettre d'approfondir certains domaines de connaissance.

Dans le cas des pays en développement comme l'Afrique, j'ajouterais que le programme d'enseignement supérieur devrait être la base de l'acquisition continue du savoir, des idées de développement durable axé sur le facteur humain et des programmes de mise en œuvre des politiques. J'ajouterais aussi que l'enseignement général devrait produire des diplômés qui ont une approche synergique et multidisciplinaire de la résolution des problèmes. Ces caractéristiques ainsi que celles indiquées par le Groupe de travail sont nécessaires pour traiter les problèmes pressants que l'on rencontre dans les pays africains. Examinons quelques-uns des problèmes contemporains auxquels nous sommes confrontés et comment les sciences sociales pourraient être utilisées comme élément des compétences requises pour leur résolution.

La valeur des sciences sociales a été débattue dans l'Afrique du Sud d'après 1994. Le débat a été centré sur le rôle des sciences sociales dans une Afrique du Sud en mutation et le besoin de programmes axés sur la carrière dans l'enseignement supérieur. Les supports de politique d'éducation tels que le Livre blanc sur l'éducation (Education White Paper 3) (1997) présentent l'argument selon lequel les diplômés en sciences sociales n'étaient pas vendables, comparativement aux diplômés en sciences et en commerce. La conclusion suivante a été tirée : les universités devraient se concentrer sur des matières vendables. Les chercheurs en sciences sociales n'étaient pas d'accord avec de telles politiques. Dowling (1998) soutient que de tels arguments sont d'un utilitarisme simpliste et n'apportent aucune preuve pour appuyer leurs affirmations. Il affirme également que l'éthique appliquée peut résoudre certains problèmes que la chimie et l'ingénierie ne peuvent pas résoudre. Nel et van der Westheizen (1998:7) soutiennent que

> les motifs pour lesquels le gouvernement marginalise les disciplines basées sur le raisonnement à l'intérieur des sciences sociales dénotent, en eux-mêmes, une propension encore plus déconcertante, c'est-à-dire l'idée naïve que les systèmes épistémologiques sont principalement informés par les compétences, et non le contraire.

Mzamane (1998) soutient que les études culturelles en Afrique du Sud sont essentielles pour bâtir la nation. Il affirme que nous avons besoin d'un inventaire des formes artistiques en Afrique du Sud et d'un programme d'études culturelles qui prendrait en compte le fait qu'une majorité de Sud-Africains n'a pas bénéficié de la formation culturelle et artistique qui peut « procurer l'ethos de libération nécessaire pour la déprogrammation, la décolonisation et la désaliénation » (Mzamane 1998:11). Concernant l'histoire, Lange (1998:20) déclare que

> les historiens sont toujours les gardiens de la mémoire collective. Ils doivent raconter des histoires sur ce qui s'est passé d'après les gens, sur ce que les gens ont ressenti quand cela s'est passé. Ils doivent aider des sociétés à des stades de développement différents à accepter leurs propres identités et passés, souvent conflictuels et contradictoires. Mais les historiens ne font pas que raconter des histoires. En même temps qu'ils narrent, ils expliquent, cherchent les raisons, le but, la cause.

Je comprends qu'il y a un argument répandu contre l'enseignement des sciences sociales, qui soutient que l'enseignement supérieur produit plus de diplômés en sciences sociales que ne peut en absorber l'économie. Ou que les diplômés en sciences sociales ne trouvent pas d'emplois parce que l'économie a besoin de diplômés compétents dans les domaines de la technologie de l'information et de la communication, des sciences commerciales et actuarielles, des sciences naturelles, de la médecine et de l'ingénierie. Je ne nie pas que le développement économique et social a besoin de compétences en sciences naturelles et commerciales. Mais je pense que le problème n'est pas que les diplômés en sciences sociales ne peuvent pas se faire une niche sur le marché du travail. Le problème est que pendant des siècles, la connaissance a été fragmentée et subdivisée en sciences, sciences humaines et sciences sociales. Il n'y avait pas de dimension sociale dans des domaines comme la médecine, le commerce, l'architecture, l'ingénierie et l'informatique. Les patients étaient diagnostiqués, recevaient un traitement et un pronostic, sans aucune connaissance des facteurs sociaux qui auraient pu empêcher la maladie ou améliorer la guérison. L'industrie manufacturière a opéré sans se préoccuper de l'environnement et de son impact sur la santé de la population. Les bâtiments ont été conçus sans se soucier des personnes souffrant d'infirmité ou des personnes âgées qui ne peuvent pas y accéder aussi facilement qu'avant. L'enseignement lui-même a été dispensé sans tenir compte des différents niveaux de préparation et des différences culturelles qui pourraient avoir un impact sur les apprenants. Les politiques de développement ont été formulées sans tenir compte de la durabilité et du développement humain. Les indicateurs de valeur de production largement utilisés, le produit intérieur brut et le produit national brut n'intègrent pas un volet qui respecte le coût humain des activités économiques. De telles lacunes, par conséquent, ont créé une faible demande pour les personnes qualifiées pour les combler.

Ces lacunes sont comblées petit à petit, dans la mesure où le monde réalise que nous ne pouvons pas créer des biens et services pour les gens si, ce faisant, nous ne tenons pas compte de leur bien-être. L'enseignement général et la poursuite des sciences sociales en Afrique peuvent ne pas afficher des résultats positifs à court terme. Cependant, je suis d'accord avec le Groupe de travail (2002) qu'à la longue, il y aura des résultats positifs. Pour l'heure, les défis, en Afrique, exigent un enracinement profond dans les sciences sociales.

Prenons le cas de l'Afrique du Sud. Ce pays est qualifié de démocratie-miracle en raison de sa transition sans heurt de l'apartheid à la politique multipartite. Bien entendu, c'est un miracle, comparé au fléau de la guerre civile et des mouvements rebelles dans les pays africains d'après indépendance, comme le Rwanda, l'Angola, le Liberia, le Burundi, la République démocratique du Congo, le Soudan et la Côte d'Ivoire. Cependant, la démocratie sud-africaine est confrontée à des défis dans lesquels les sciences sociales doivent jouer un plus grand rôle que toute autre catégorie de disciplines. D'abord, il y a une xénophobie criante qui se reflète dans la façon désobligeante de traiter les étrangers venus d'autres pays africains. De tels problèmes sont compréhensibles car l'Afrique du Sud s'est développée à partir d'un contexte de racisme et d'ethnicisme dans lequel il y avait non seulement une séparation institutionnalisée entre personnes de « races » différentes, mais aussi une séparation culturelle entre personnes de même « race ». L'anglophone était différent de l'Afrikaner. Le Zoulou était différent du Sotho et occupait des « homelands » différents. Il n'est donc pas surprenant que dans notre démocratie naissante les Sud-Africains stéréotypent les étrangers africains et les fassent se sentir indésirables, alors qu'ils sont incapables de stéréotyper les étrangers blancs ou d'exprimer une opinion à leur sujet. Un tel problème pouvait être traité par l'enseignement général à divers niveaux, en particulier dans l'enseignement supérieur où la diversité et la pluralité pouvaient être mieux comprises relativement à leur contribution au développement économique, social et intellectuel. D'autres problèmes que nous rencontrons en Afrique du Sud sont le legs du racisme, le défi de la formation de l'État, de la réconciliation et de la promotion de la culture des droits de la personne. La liste est longue.

Le cas d'Amina Lawal, cette femme condamnée à mort par lapidation par le Tribunal régional de l'État de Katsina au Nigeria, en mai 2002, est un autre exemple typique. Elle a été déclarée coupable d'adultère parce qu'elle avait eu un enfant hors mariage. Par la suite, en octobre 2004, elle a été acquittée par une juridiction supérieure après deux appels. Cette affaire n'était pas une simple affaire de procédure juridique, mais elle a été interprétée de différents points de vue, à telle enseigne que je pense qu'elle restera dans les annales de l'histoire. Certains considéraient Amina comme une victime de la pauvreté dans laquelle il y avait procès sans représentation. D'autres voyaient en elle un exemple de l'oppression des femmes, en particulier celles qui sont noires et pauvres. Pour d'aucuns, le procès était une erreur d'appréciation de la loi islamique et de ses procédures. D'autres encore y voyaient une violation des droits de l'homme et la nécessité de se mobiliser et de mener une campagne internationale pour son acquittement. Nous ne savons pas à coup sûr lequel de ces points de vue explique le mieux la situation. Je dirais cependant que différentes forces ayant des identités et perspectives différentes ont contribué à faire comprendre la situation d'Amina, en apportant un éclairage plus profond sur la portée de cette affaire. Même si chacun demandait son acquittement, les raisons étaient différentes, mais en fin de compte, elle a été acquittée grâce à la synergie et à l'interdisciplinarité. Je ne suis pas en train de suggérer que la pluralité d'idées est une solution miracle à chaque problème. Je veux dire que si des perspectives différentes ont pu essentialiser Amina en tant que femme, ou noire, ou africaine, ou musulmane, ou être humain jouissant de ses droits, l'ensemble de ces identités a suscité un débat fructueux et la reconsidération de la situation sous différents angles. Le résultat obtenu a été une compréhension beaucoup plus éclairée de la situation, pour les tribunaux probablement, mais certainement pour nous les chercheurs en sciences sociales. Telle est la tâche des pays africains : chercher à comprendre et à voir leurs problèmes à partir de points de vue différents et arriver à une décision intellectuellement éclairée et à des solutions pratiques. Malheureusement, l'absence de telles méthodes de réflexion et de planification a engendré querelles et guerres civiles en Afrique.

Les guerres civiles ont été, et sont toujours dans certains cas, un fléau dans des pays africains comme l'Angola, la République démocratique du Congo, la Côte d'Ivoire, le Rwanda, la Sierra Leone, le Liberia, l'Éthiopie et l'Érythrée. Différents observateurs avancent différentes raisons pour ces guerres. Les facteurs de causalité de certains observateurs sont les facteurs déclenchants pour d'autres observateurs. On entend fréquemment qu'il y a des guerres ethniques dans des pays comme le Rwanda ou l'Angola. On entend tout aussi fréquemment que les guerres civiles dans des pays comme le Nigeria sont provoquées par des conflits religieux entre musulmans et chrétiens. Même dans le cas du conflit en Afrique du Sud juste avant les élections de 1994, on a dit que les facteurs étaient entre les partis politiques ANC et IFP—voire carrément entre Xhosas et Zoulous. Il n'est jamais facile de découvrir les causes réelles, étant donné que personne ne veut être rendu responsable et qu'il y a toujours une multiplicité de facteurs. Certains auteurs soutiennent que les guerres civiles en Afrique ne sont pas ethniques, mais plutôt économiques. Collier *et al.*(2000) tirent les conclusions suivantes :

1. La diversité ethnique de l'Afrique n'est pas une cause de la multiplication, ces derniers temps, des guerres civiles qui ont

touché la région. En fait, l'Afrique est intrinsèquement plus sûre que d'autres régions, en raison de sa diversité sociale.

2. Avant que l'Afrique ne puisse transformer sa diversité ethnique en un atout pour préserver la paix, elle doit atteindre de meilleurs niveaux de liberté politique, des niveaux de vie beaucoup plus élevés et des économies diversifiées.

3. Pour réaliser le développement économique et partant contribuer à la prévention de futures guerres, il faudrait à la fois une gouvernance politique « appropriée » (c'est-à-dire une démocratie qui fonctionne) et des institutions de haute qualité pour la gestion économique, afin de mitiger les conséquences économiques éventuellement défavorables de la diversité sociale. (http://www.eldis.org/static/DOC7755.htm, visité le 25 octobre 2003).

Même s'ils soutiennent que les facteurs sous-jacents sont d'ordre économique, ils n'expliquent toujours pas pourquoi ces conflits prennent des dimensions ethniques ou religieuses. Je pense que de tels clivages sont significatifs et méritent d'être examinés attentivement. Ce n'est pas par un hasard historique que l'ethnicité et la religion servent de conduits à la lutte politique ou de facteurs de causalité de cette lutte. La fragmentation des sociétés africaines par le colonialisme est responsable au premier chef de cette situation. L'Afrique n'est cependant pas une exception. Les conflits religieux en Irlande du Nord sont un exemple typique. Je soutiens que ces guerres civiles en Afrique pourraient bien être le résultat de la pauvreté, mais que, quelles que soient les richesses d'un pays, s'il n'y a pas de tolérance, il y aura conflit d'une manière ou d'une autre, et certains clivages apparaîtront pour exprimer ce conflit. Dans notre recherche en sciences sociales, nous devons changer la culture d'homogénéité forcée. Y a-t-il jamais eu de société véritablement homogène ? Si oui, nous n'aurions pas alors des termes et connotations diamétralement opposés, tels que parias et communauté, riches et pauvres, masses et élite, gouvernement et citoyens, lords et plèbe ; ou d'ailleurs, femmes et hommes. Nous ne pouvons changer de tels modes de pensée qu'au moyen de l'enseignement général, qui fait des sciences sociales une partie intégrante du programme des écoles et institutions d'enseignement supérieur. C'est seulement à travers l'appréciation d'autres cultures et pensées critiques que les gens peuvent apprendre à regarder au-delà de leurs propres identités ethnique, religieuse et sociale. En fait, l'histoire et l'identité propres de l'individu sont enrichies par la compréhension d'autres histoires et identités.

La guerre civile a des conséquences profondes dont voici quelques exemples : infirmité consécutive à la guerre, cas de traumatisme ou d'anomalies congénitales dues aux produits chimiques utilisées lors des guerres, la famine résultant de la guerre ou l'absence de soins prénatals due à la guerre et au déplacement. La déficience est un état pathologique, mais le handicap est une condition sociale dans laquelle les personnes handicapées font l'expérience de la société dans leur vie quotidienne. Les stéréotypes communs au sujet des personnes handicapées sont documentés partout dans le monde, depuis la Grèce ancienne jusqu'aux sociétés industrielles contemporaines, comme le montre Garland (1995). La représentation des personnes handicapées ne s'arrête pas là. Les personnes handicapées ont été également des objets de divertissement public et dépeintes de la même manière dans certaines formes d'art. Thomson (1996) a compilé des lectures qui démontrent comment l'art et l'esthétique ont dépeint les personnes ayant des handicaps ou des traits physiques différents. Les images de la différence sont négatives et suggèrent une position d'infériorité généralement occupée par les personnes handicapées. Sarah Baartman qui, à cause de sa différence physique, a été mise en vitrine à des fins de divertissement public et a été victime de mauvais traitements, en est un exemple. Oliver (1990, 1996) démontre la construction historique du handicap et des luttes que doivent mener les personnes handicapées. Même à leur niveau, les personnes handicapées sont confrontées à des contraintes imposées par la société. À titre d'exemple, Silwimba (2004) fait remarquer que

> Les relations sexuelles des personnes handicapées sont ignorées dans les discussions des problèmes de ces personnes. Les enseignements et les actions de la société veulent que les personnes handicapées réfrènent leurs désirs sexuels... Ainsi, alors que le concept de sexualité est laissé de côté dans la planification de la réadaptation des personnes handicapées, l'accent est mis sur l'enseignement des aptitudes les plus élémentaires seulement, qui ne permettent pas à une personne frappée d'un handicap d'être économiquement indépendante. Ces personnes restent donc un poids mort pour la société et sont, par conséquent, exclues des besoins humains fondamentaux d'exprimer et de ressentir de l'amour.

Sur ce terrain, la conscience populaire a été façonnée négativement par les sciences sociales, et les personnes handicapées ont été construites comme telles et leurs expériences quotidiennes rendues difficiles.

La nécessité de déconstruire le handicap est pertinente en Afrique comme partout ailleurs dans le monde, pour cinq raisons. Premièrement, ce qui était à l'époque l'Organisation de l'unité africaine (aujourd'hui Union africaine) avait déclaré la période 2000-2009 Décennie africaine des personnes handicapées. Par conséquent, de telles déclarations ne devraient pas tout juste sensibiliser, mais aussi encourager une recherche dynamique dans les études sur le handicap. Les études littéraires doivent déconstruire les textes sur le handicap et l'art doit se pencher sur la façon dont il a dépeint la différence. Deuxièmement, certaines personnes vivant en Afrique frappées de handicap étaient « normales » avant d'être des victimes de guerre ou de traumatisme. Par conséquent, il est moralement juste de permettre à de telles personnes de vivre une vie sociale normale. Troisièmement, l'Afrique doit re-socialiser son peuple dans le passage du paradigme médical de handicap à un paradigme social, dans lequel le problème n'est plus perçu comme une tragédie individuelle, mais comme étant la société qui fait qu'il est difficile pour les personnes handicapées de fonctionner dans leur vie quotidienne. Quatrièmement, le développement n'est pas une question de résultat économique seulement, mais aussi de durabilité humaine et environnementale. Si la société néglige les personnes, alors le développement n'est pas holistique. Dans ce cas, l'identité et le bien-être des personnes handicapées doivent être pris en compte. Enfin, c'est à travers les sciences sociales qu'un modèle social de handicap pourrait être atteint. Il faut que les médias cessent de représenter les personnes handicapées comme étant les « autres ». Les médias de même que nos institutions devraient pouvoir représenter les personnes handicapées, et prendre fait et cause pour elles. Les personnes handicapées ne doivent pas être utilisées comme des objets de divertissement inférieurs. De tels idéaux pourraient être réalisés si nous débattons de la valeur de l'être humain ; des droits des êtres humains ; de ce qui compte comme art non discriminatoire ; et de ce qu'est le handicap. Bien entendu, les sciences sociales ne peuvent pas œuvrer seules pour faire naître ces idéaux. Les professionnels de la médecine, les ingénieurs, les architectes et les statisticiens ont un rôle critique dans les aspects tels que la réadaptation médicale, la conception de mécanismes d'aide, la conception des bâtiments pour faciliter l'accès et la démographie pour les interventions en matière de politique.

Je pense aussi qu'au cœur des problèmes de l'Afrique, il y a la crise de leadership—des dictateurs qui se déclarent présidents à vie ou truquent les élections et suppriment l'opposition, et détournent les deniers publics alors que la population dans sa

majorité vit dans la misère noire. C'est la corruption pure et
simple qui empêche même les plus petites chances de
développement et de régénération morale de l'Afrique.
Qu'importe le montant des financements qu'un pays reçoit, si
le chef de l'État et ses principaux partisans détournent les fonds
et suppriment l'opposition, il n'y a aura aucun progrès. La
plupart des chefs d'État africains sont corrompus et je suis
d'accord avec Collier *et al.* (2000) que l'un des besoins en
Afrique, pour le développement économique, c'est une bonne
gouvernance démocratique et une gestion économique de haute
qualité. La démocratie ne peut être initiée que si un pays croit
aux idéaux démocratiques et accepte d'agir suivant ces idéaux.
Ces idéaux ne sont pas automatiques, mais doivent être
enseignés et débattus à l'intérieur des disciplines des sciences
sociales. La gestion économique requiert la connaissance de
l'histoire économique de son pays, la technologie de
l'information et de la communication, des analystes des
politiques, des statisticiens, des économistes et d'autres experts
comme les avocats et les écologistes. Cela non seulement
appelle les disciplines des sciences sociales à jouer un rôle, mais
aussi exige une approche interdisciplinaire qui requiert une
imprégnation mutuelle entre les sciences sociales et d'autres
disciplines. De telles possibilités augmenteraient si les États
africains avaient recours à l'enseignement général et à une
approche multidisciplinaire de la résolution de problèmes.

Parmi les problèmes qui ont plongé l'Afrique dans une crise
plus profonde qu'auparavant, il y a l'épidémie du sida et la
prévalence de plus en plus grande de l'infection à VIH chez la
population jeune et adulte. L'Afrique subsaharienne à elle seule
compte plus de 50 % d'adultes et d'enfants vivant avec le VIH/
sida. Elle a le pourcentage le plus élevé de femmes vivant avec
le VIH, et pourtant, c'est la seule région où les rapports
hétérosexuels sont le principal mode de transmission du virus.
Évidemment, les statistiques sont alarmantes, mais les solutions

ne sont pas aussi faciles que le simple usage du préservatif, le counselling et le dépistage volontaire, et l'accès au traitement par antirétroviraux. La technologie médicale cherche à développer des médicaments pour guérir ou des vaccins pour prévenir le VIH/sida. Les progrès en matière de médicaments antirétroviraux tels que la Zidovudine (AZT), la Névirapine, et l'Evafirenz, ainsi que de prévention de la transmission mère-enfant, sont significatifs. Cependant, la psychologie sociale et les aspects socioculturels du sida restent une tâche importante de recherche pour les sciences sociales en Afrique et ailleurs.

Le VIH/sida a des dimensions sociales, politiques, économiques et culturelles que seules les disciplines des sciences sociales peuvent comprendre. Ce faisant, elles peuvent guider les interventions visant à freiner la propagation du virus VIH. La première dimension que revêt le VIH/sida est une dimension historique et philosophique. Les gens demandent souvent : « d'où vient cette maladie, et pourquoi vient-elle maintenant ? ». Si la question a un intérêt scientifique valide, elle revêt également des dimensions sociales, en ce sens que les individus s'efforcent de comprendre la maladie. Les gens philosophent souvent sur le fait qu'elle est chronique, et pourtant transmise par les rapports sexuels qui sont censés être une activité naturelle. « Pourquoi le sida est-il incurable ? » ; « Comment sommes-nous censés procréer si nous utilisons des préservatifs ? » ; « Le sida est-il le signe de l'imminence du Jugement dernier ou la Némésis ? ». Toutes ces questions représentent la réunion du fait et de la valeur. Et c'est à travers les compétences de disciplines telles que les études religieuses, la sociologie et l'histoire que les interventions peuvent être conçues pour essayer d'informer la population en générale et partant, aider à enrayer la progression du virus.

Le VIH/sida revêt également la dimension individuelle des personnes vivant avec le VIH/sida, et aussi, de ceux qui prennent soin d'elles. La relation entre VIH et mort est constante dans l'esprit d'une personne séropositive et de ceux qui prennent soin d'elle. D'ailleurs, la mort est notre destin final. Elle devient réalité pour une personne vivant avec une maladie grave comme le sida. La technologie et les sciences de la santé ne peuvent qu'offrir des solutions organiques. L'esprit, l'âme, aussi insaisissables soient-ils, ne peuvent être traités que dans les disciplines des sciences sociales telles que la psychologie sociale, les études religieuses, la sociologie médicale et les études culturelles. Ce sont les sciences sociales qui doivent continuer à effectuer la recherche sur les rapports sociaux autour de la vie et de la mort. Nous devons en savoir plus sur les aspects culturels de la santé, de la maladie et de la mort, l'attitude des gens face au chagrin dû à la mort, et comment ils affrontent le fait que nous sommes tous mortels.

Le VIH/sida a aussi un impact macro-économique. L'espérance de vie peu élevée de la population active et l'absentéisme de plus en plus important au travail, à cause des syndromes associés au sida ont un impact négatif sur la productivité économique au niveau des entreprises et du produit national brut. Jackson (2002:25) énumère les impacts macro-économiques du VIH/sida :

* réduction de l'épargne nationale et de l'investissement national, qui sont cruciaux pour la croissance économique ;

* augmentation des dépenses de santé au détriment de l'investissement et des dépenses dans le secteur productif ;

* probable réduction des dépenses d'éducation, entraînant une plus lente accumulation de compétences et un plus lent remplacement de la population active ;

* impacts particulièrement lourds sur les secteurs dépendant de personnel technique professionnel, d'encadrement et qualifié (qui est coûteux et difficile à remplacer) ;

* augmentation de la pauvreté et des disparités économiques, étant donné que les pauvres deviennent de plus en plus pauvres ;

* évolution des marchés où la demande de produits non essentiels va se contracter alors que celle de produits comme les cercueils va augmenter ;
* expansion du secteur informel et dépendance accrue à l'égard de ce secteur ;
* perte d'efficacité économique (étant donné que la mémoire institutionnelle baisse avec la perte de personnel expérimenté) ;
* capacité de gouvernance réduite (pour la même raison) ; et
* instabilité nationale et insécurité sociales accrues.

L'impact économique à long terme du VIH/sida doit être résolu avant qu'il ne soit trop tard. Les experts en matière de politique, les économistes, les statisticiens, les syndicats du travail, les spécialistes des finances, les organisations patronales, les spécialistes en éducation et les chercheurs doivent faire des propositions et des interventions éclairées. Ces propositions et interventions requièrent de l'expertise en sciences sociales et dans d'autres disciplines. On ne peut pas avoir davantage besoin de synergie et d'approches multidisciplinaires que dans le cas du VIH et du sida.

En parlant de l'impact économique du VIH/sida sur les économies des pays en développement, il est pertinent d'ajouter que la dette du tiers-monde auprès du Fonds monétaire international (FMI) et de la Banque mondiale appelle également une attention particulière. Selon Jubilee Research (2003) les pays pauvres fortement endettés (PPTE) doivent au FMI 7 milliards de dollars, dont 2 milliards de dollars seront annulés par le Fonds. Les PPTE doivent également à la Banque mondiale 19,2 milliards de dollars, dont 6 milliards de dollars seront annulés par la Banque. Naturellement, il y a eu des débats sur l'origine et l'impact de la dette des pays du tiers-monde. Il y a eu aussi des appels en faveur de l'annulation de la dette. Par exemple, dans le contexte de l'Afrique du Sud, Madörin *et al.*

(1999:1), écrivant pour Jubilee 2000 Afrique du Sud, reconnaissent que

> Les populations de l'Afrique australe continuent de payer la facture de l'apartheid. Les coûts physiques et humains de l'apartheid sont toujours visibles dans les États voisins où la déstabilisation a provoqué de gros dégâts, ainsi que dans les anciens homelands et townships de l'Afrique du Sud elle-même. Nous pensons qu'il est immoral et injustifié que les gens paient deux fois pour l'apartheid... Aussi, nous prions instamment les groupes qui ont soutenu notre combat contre l'apartheid de soutenir à présent nos appels en faveur de l'annulation de la dette causée par l'apartheid et du paiement de réparations par ceux qui ont profité de notre souffrance.

La charge de la dette et les arguments en faveur de l'annulation de la dette ne sont pas une simple question de nombre et de statistiques. Il y a des dimensions morale, historique et de développement qui doivent être constamment formulées, argumentées et révisées. Cela implique des compétences dans les domaines de la pensée critique, de la connaissance de l'histoire et de l'éthique, de l'analyse économique, politique et sociale—pratiquement toutes les disciplines des sciences sociales. La reconstruction de l'Afrique et d'autres pays en développement ne peut être ni conceptualisée, ni exécutée sans la contribution des sciences sociales. Un bon exemple de bonne recherche en ce qui concerne l'annulation de la dette est une étude de Giyose (2003). Il fait valoir un argument contre la politique du FMI en matière d'annulation de la dette. Il établit une comparaison historique entre les situations des actuels pays pauvres très endettés et leurs transactions avec le FMI, et l'Accord de Londres sur le traitement de la dette des nations vaincues lors de la Seconde Guerre mondiale. Il en conclut que si l'Accord de Londres devait être appliqué aux pays du tiers-monde, il pourrait alors libérer les pays de la charge de la dette. Ce qui m'intéresse ici, ce n'est pas son argument, mais plutôt la méthode d'analyse qui est atypique d'une « recherche » contestataire lorsqu'il s'agit de questions telles que l'annulation de la dette. Il combine histoire et analyse critique en abordant d'un ton posé une question de développement essentielle.

La crise de l'endettement survient également à un moment critique où les effets négatifs de la mondialisation sont de plus en plus patents dans les pays pauvres. Kunnie (2003:5) critique les mécontentements provoqués par la mondialisation. Elle écrit:

> grâce à la mondialisation, la mauvaise administration généralisée des richesses et des ressources s'intensifie à un rythme implacable. Aujourd'hui, les 15 pour cent les plus grands du monde, essentiellement le monde occidental industrialisé, consomment 80 pour cent des ressources mondiales. Vingt pour cent des pays les plus riches du monde perçoivent 1,4 pour cent des revenus mondiaux.

Elle poursuit pour montrer les inégalités mondiales en termes de revenus et de profits commerciaux. Elle en conclut que les pays en développement doivent répondre à une telle exploitation par l'activisme et les luttes intellectuelles, au moyen de la recherche et un programme d'enseignement supérieur approprié. Elle critique également la recherche en sciences sociales qui est caractérisée par l'émotivisme et les nuances défensives. Certes, on ne sait pas très bien si elle n'essentialise pas l'Afrique, mais elle préconise bien une approche interdisciplinaire dans la lutte contre la mondialisation.

En réponse aux défis posés par la mondialisation, la création de l'Union africaine et du Nouveau partenariat pour le développement économique (NEPAD) illustrent actuellement la reconstruction de l'Afrique pour le développement de ce continent. Bien sûr, ces deux institutions ne plaisent pas à tout le monde. Certains voient l'UA comme l'ancienne OUA affublée d'un nouveau nom, tandis que d'autres voient de l'espoir dans la Renaissance africaine. Pour d'aucuns, le NEPAD est un nouveau développement pour que l'Afrique renforce ses liens économiques avec l'Occident, pour d'autres c'est un néo-libéralisme mondial pour pousser l'exploitation des pays en développement par les pays développés. Quoi qu'il en soit, de telles questions requièrent des débats éclairés par une pensée critique. Elles requièrent des perspectives critiques sur notre façon de voir le monde et comment nous voulons qu'il soit. Elles requièrent de nouvelles façons d'analyse dans des disciplines comme la littérature, les études des médias, la sociologie, l'histoire, l'art, l'économie et la philosophie.

Conclusion

J'ai soutenu que l'Afrique a besoin des sciences sociales plus que jamais auparavant. On s'est servi des sciences sociales pour contrer le discours colonial sur l'Afrique. Cependant, j'ai exprimé mon désaccord avec l'essentialisme qui a caractérisé la recherche en sciences sociales en Afrique. J'ai ensuite plaidé en faveur d'une approche des sciences sociales à la fois critique et multidisciplinaire, pour que la diversité puisse être appréciée et faire partie de la recherche en Afrique.

Références

Bates, R., Mudimbe, V, and O'Barr, J., 1993, *Africa and the Disciplines*, Chicago : University of Chicago Press.

Bell, R., 2002, *Understanding African Philosophy : A Cross-Cultural Approach to Classical and Contemporary Issues*, London : Routledge.

Collier, P., Elbadawi, I., Sambanis, N., 2000, The Economics of Crime and Violence, Washington DC, World Bank, http ://www.eldis.org/static/DOC7755.htm, accessed 25 October 2003).

Department of Education, 1997, *Education White Paper 3 : A Programme for the Transformation of Higher Education*, Pretoria : Department of Education.

Diop, C.A., 1996, *Towards the African Renaissance : Essays in African Culture & Development : 1946-1960*, London : Karnak House.

Dowling, K.W., 1998, 'Utilitarianism, the Social Sciences and the University Curriculum', *Bulletin : News for the Human Sciences*, Vol. 5, 1(6-8).

Eagleson, I., 2002, 'The Global History of African Music : The Kenyan Song "Malaika"', in T. Falola, (ed.) *Africanising Knowledge : African Studies Across the Disciplines*, London : Transaction Press.

Falola, T., 2002, *Africanising Knowledge : African Studies Across the Disciplines*, London : Transaction Publishers.

Garland, D., 1995, *The Eye of the Beholder : Deformity and Disability in Graeco-Roman World*, London : Duckworth.

Giyose, M., 2003, 'Forgive Us This Day Our Odious Debt', New Agenda: *South African Journal of Social and Economic Policy*, Issue 11, p.57.

Jackson, H., 2002, 'The AIDS Epidemic', in *AIDS Africa : Continent in Crisis*, Harare : SafAIDS.

Jubilee Research, 2003, 'Can the World Bank and the IMF Cancel 100% of Poor Country Debt?', www.jubileeresearch.org, accessed 20 October 2003.

July, R.W., 1987, *An African Voice : The Role of the Social Sciences in African Independence*, Durham : Duke University Press.

Kunnie, J., 2003, 'Globalization : A Recolonization of Africa', paper presented at the Graduate School for Social Sciences with the Centre for African Studies, University of Cape Town, 13 August.

Lange, L., 1998, 'History and Memory', *Bulletin : News for the Human Sciences*, Vol. 5, 1(6-8).

Madörin, M., Wellmer, G., and Egil, M., 1999, *Apartheid-Caused Debt: The Role of German and Swiss Finance*, Pretoria : Jubilee 2000 South Africa.

Mamdani, M., 1996, 'Introduction : Thinking through Africa's Impasse', in *Citizen and Subject*, New Jersey : Princeton University Press.

Mamdani, M., 1998, 'Is African Studies to be Turned into a New Home for Bantu Education at UCT?', Seminar Debates Controversial Africa Course, unpublished paper.

Marks, S., 2000, 'The Role of the Social Sciences in Higher Education in South Africa', seminar paper presented at the Graduate School for Social Sciences with Centre for African Studies, University of Cape Town.

Mazrui, A.A., 1986, 'Cultural Forces in African Politics', in I.J. Mowoe and R. Bjornson, eds., *Africa and the West*, New York : Greenwood Press.

Masolo, D.A., 2002, 'Logocentrism and Emotivism', in African Philosophy in Search of Identity, Edinburgh : Edinburgh University Press.

Moore, S., 1993, 'Changing Perspectives on a Changing Africa', in Bates, R, Modime, V, and O'Barr J., eds., *Africa and the Disciplines*, Chicago: University of Chicago Press.

Mzamane, M.V., 1998, 'Cultural Studies and Nation Building', *Bulletin: News for the Human Sciences*, Vol. 5, 1(6-8).

Nel, J.E., and van der Westhuizen P.C., 1998, 'Programme-based Education within the Social Sciences: Ostranenie Revisited?', *Bulletin: News for the Human Sciences*, Vol. 5, 1(6-8).

Nketia, J.H.K., 1986, 'Perspectives on African Musicology', in Mowoe, I.J. and Bjornson, R., eds., *Africa and the West*, New York : Greenwood Press.

Nketia, J.H.K., 1994, 'Reorganising African Social Sciences in Africa', paper presented at the Rockefeller Foundation meeting on the State of Social Sciences in Africa, Nairobi, Kenya, November 29-December 1.

Oliver, M., 1990, *Politics of Disablement*, Basingstoke, Macmillan Education.

Oliver, M., 1996, *Understanding Disability—From Theory to Practice*, Basingstoke : Macmillan.

Rostow, W., 1960, 'The Five Stages of Economic Growth - A Summary', in Roberts, B., Cushing, R. and Wood, C., eds., *The Sociology of Development : Volume 1*, Aldershot : Edward Elgar Publishing.

Silwimba, F., 'Possibilities of Independent Living of Persons with Disabilities in Africa', http ://www.independentliving.org/toolsforpower/tools5.html, accessed October 20, 2003.

Task Force on Education and Society, 2000, *Higher Education in Developing Countries*, Washington D.C. : World Bank.

Thomson, G., ed., 1996, *Freakery : Cultural Aspects of the Extraordinary Body*, New York : New York University Press.

Les sciences sociales face au devenir de l'Afrique : entre construction et déconstruction

Claude Abé

Le rapport des sciences sociales au devenir des sociétés humaines, une thématique routinisée

Notre propos porte sur la nécessité des sciences sociales en Afrique. Il s'agit d'examiner la fonction des disciplines que l'on regroupe sous ce vocable à partir de leur pratique dans ce continent. De manière plus précise, nous entendons évaluer l'importance des sciences sociales en interrogeant l'utilité et l'efficacité de leur contribution dans la maîtrise des défis contemporains auxquels cette partie du *village terrestre*[1] est confrontée.

La question du rapport des sciences sociales à l'action sociale[2] s'est en effet posée dès l'origine ; pour ne prendre que cet exemple, le cas de la sociologie le démontre à suffisance (Simon 1999:46). En 1819, Comte, le père du terme sociologie, écrivait déjà à un de ses amis :

> Soyons en rapport avec les hommes pour travailler à l'amélioration de leur sort. Mes travaux sont et seront de deux ordres : scientifiques et politiques. [...] Je ferais très peu de

cas des travaux scientifiques si je ne pensais perpétuellement
à leur utilité (cité par Simon 1999:47).

Le même engagement à contribuer au devenir de la société se
profile derrière l'objectif que Durkheim, le père de la sociologie
française, assigne à ses travaux. C'est cette volonté qu'il traduit
lorsqu'il affirme que :

> De ce que nous nous proposons avant tout d'étudier, la réalité,
> il ne s'ensuit pas que nous renoncions à l'améliorer : nous esti-
> merions que nos recherches ne méritent pas une heure de peine
> si elles ne devaient avoir qu'un intérêt spéculatif. Si nous sé-
> parons avec soin les problèmes théoriques des problèmes pra-
> tiques, ce n'est pas pour négliger ces derniers : c'est, au con-
> traire, pour nous mettre en état de les mieux résoudre
> (1986:xxxviii-ix).

Le rapport de la sociologie au devenir de la société constitue
également l'une des préoccupations centrales des fondateurs
de cette discipline en Allemagne. L'un des tout premiers
ouvrages de Weber, le père de la sociologie dans ce pays, est
une interrogation sur « la vocation de la science dans l'ensemble
de la vie humaine » (1959:71). Dans *Le savant et le politique*
(1959), Weber s'emploie à établir la fonction de la sociologie
dans la mise en route du progrès socio-économique à partir de
la détermination des rôles respectifs du chercheur en sciences
sociales et des hommes politiques: le premier participe au
progrès de la société par le moyen des savoirs qu'il produit,
alors que le second est chargé de les appliquer pour conduire la
réforme sociale.

Sans vouloir réduire les sciences sociales à la seule sociologie
(Bourdieu et Wacquant 1992), en la prenant tout de même
comme champ d'illustration, l'on peut dire que les
développements qui précèdent apportent la preuve que la
question qui est au centre de notre propos ici, notamment le
rapport des sciences sociales au devenir des sociétés, est une

vieille préoccupation. De ce point de vue, ce n'est donc pas le caractère inédit de l'objet de notre attention qui justifie la présente interrogation. Deux choses au moins peuvent être convoquées pour valider la pertinence de l'objet de notre interrogation : le regain actuel d'intérêt pour cette thématique et l'actualité des préoccupations scientifiques de la recherche africaniste.

De manière générale, la question du rapport des sciences sociales au devenir des sociétés connaît un regain de vitalité depuis près de deux décennies. Les ouvrages sont en effet nombreux qui entendent montrer les divers usages que l'on peut faire des savoirs produits par les disciplines que l'on regroupe sous ce vocable pour relancer l'économie mondiale en crise (Chanlat 1998 ; de Coster 1999 ; *L'homme et la société* 1999 ; Wieviorka 1998 ; Crozier 2000, etc.). L'on assiste ainsi à *la routinisation*[3] (Giddens 1987) d'une préoccupation scientifique. La prise en compte de cette ingénierie qui s'opère sous nos yeux montre que le choix de la thématique de notre propos n'est ni le fruit d'un hasard ni celui d'une fantaisie. C'est donc la quête d'une connexion réussie aux grands débats actuels qui traversent les sciences sociales qui justifie la domiciliation de la présente interrogation dans la thématique sur l'importance des sciences sociales dans la mise en route du développement socio-économique et politique. La logique actuelle des études africanistes a également parti lié avec ce choix de même que l'urgence d'un regard rétrospectif de la part du CODESRIA (Conseil pour le développement de la recherche en sciences sociales en Afrique) au moment où il commémore ses trente ans de recherche et de production des connaissances en sciences sociales.

L'heure est au bilan de la pratique des sciences sociales en Afrique un demi-siècle environ après les premiers travaux. Les écrits ne manquent pas sur cette question (Copans 1994[4]; Copans 2000 ; ou *L'homme* (la revue) 1986, etc.). Si cette pratique à la mode peut être contestée pour justifier notre choix, il ne reste pas moins qu'elle nous a paru suffisante. Nous avons voulu tirer prétexte de cette mode pour réfléchir sur la situation de l'Afrique en regard de celle de la pratique des sciences sociales dans ce continent. Il s'agit là d'une interrogation novatrice qui a très peu été explorée jusqu'ici surtout avec en arrière fond l'examen du rapport des sciences sociales au devenir des sociétés de ce continent (Ela 1998).

Pourtant le questionnement sur la situation socio-économique et politique de l'Afrique ne constitue pas une entreprise récente. Ce sont les réalités qui meublent le quotidien des populations qui retiennent quotidiennement l'attention des chercheurs en sciences sociales dans le continent. De la maladie (Sindzingre 1983 ; Brunet-Jailly et Rougemont 1989 ; Jaffré et De Sardan 1999, etc.) à la politique (pour un inventaire des travaux sur ce domaine en Afrique, voir Bakary 1992, etc.) sans omettre l'économie (Amin, 1985, 1989 ; Mahieu 1990 ; Requier-Desjardins 1989, etc.) ou de l'histoire (Coquery-Vidrovitch 1972, 1988, 1985, 1999 ; Bénot 1995 ; Balandier 1981, etc.) l'Afrique a toujours été interrogée, du moins depuis environ un demi-siècle. L'objectif de cet investissement scientifique multi-disciplinaire est d'étudier les phénomènes liés à ces champs d'action historiques, c'est-à-dire de les connaître dans l'optique d'être en mesure de les expliquer et de les comprendre. L'intelligence de cette situation de l'Afrique ne manque donc pas de travaux. Globalement, l'on est habitué à trois types d'explication : il est courant d'incriminer la tradition/les cultures locales (Kabou 1991 ; Etounga-Manguellé 1993), l'inégalité dans les échanges entre le continent et les pays du centre (Amin 1985 et 1989 ; Ela 1990 et 1998, etc.) ou plus commode encore les pratiques des gouvernements en Afrique (Médard 1983 et 1986; Bayart 1989 ; Bayart *et al.* 1997 ; Mbembe 1999 et 2000, etc.). Toutes ces voies d'intelligibilité du réel conduisent à une même affirmation, notamment la panne de l'Afrique (Giri 1985 ; Dumont 1962).

Mais l'historien burkinabé Ki-Zerbo, qui inaugure une autre voie jusque-là peu explorée, soutient et démontre que s'il y a panne, ce n'est pas au continent qu'il faut l'attribuer; plutôt à la pratique des sciences sociales en vigueur en Afrique. Il écrit précisément que

> Celle-ci [l'Afrique] est pour le moment paralysée par les concepts et les théories qui fonctionnent comme des grilles rigides et unilatérales d'analyses et d'action, visant à « comprendre » notre continent dans le champ du système ou des systèmes dominants (Ki-Zerbo 1992:2).

Au-delà du regard critique que Ki-Zerbo jette sur la pratique des sciences sociales en Afrique, c'est une affirmation forte de leur rôle comme moteur du devenir de ce continent qui se dégage de son propos. Dans sa perspective, il existe une relation d'entraînement entre le développement de la recherche et celui du continent tout entier ; c'est en raison de cette « corrélation fonctionnelle » (Elias 1990:84) que la médiocrité de la recherche endogène répond de la paralysie dans laquelle se trouve l'Afrique.

Sans douter de la pertinence de cette analyse, qu'il nous soit permis d'émettre un point de vue sur le point de vue de Ki-Zerbo en partant de ce que nous enseigne l'histoire de la corrélation entre la recherche et le développement, ailleurs notamment dans les pays riches. L'évocation de l'exemple français nous semble suffisant pour opiner sur cette question. En 1978, un rapport de l'Organisation pour la coopération et la défense en Europe (OCDE) établissait un décalage entre les performances scientifiques de la France et le développement économique de ce pays ; près dix ans après, une autre étude de cet organisme a abouti à la même conclusion (OCDE 1986). En 1998, le constat n'a pas non plus changé dans le rapport

Guillaume (1998) sur le paradoxe entre production scientifique et performances économiques. Ce qui montre que la relation d'entraînement entre développement et recherche scientifique ne va pas de soi. Cela dit, la situation du continent et celle de la recherche en sciences sociales en Afrique sont-elles logées à la même enseigne ? Pour le dire autrement, l'état des savoirs aussi bien que celui de la pratique dans le domaine des sciences sociales expliquent-ils le maldéveloppement que vit l'Afri-que ? Peut-on lier le devenir de l'Afrique au développement des sciences sociales de manière mécanique ? En d'autres termes, dans quelle mesure peut-on dire que la transformation des circonstances socio-historiques de l'Afrique au profit des Africains dépend t-elle de la fortune des sciences sociales dans ce continent ? Doit-on tenir le financement du développement de la recherche en sciences sociales pour un investissement allant dans le sens de l'amélioration des conditions de vie des populations africaines ?

L'hypothèse que nous faisons pour répondre à ces questions c'est que l'adéquation entre le développement des sciences sociales en Afrique et la transformation/amélioration de la situation socio-économique et politique dans ce continent est une équation complexe qui ne peut fonctionner selon une logique mécaniste. Bien que les progrès de la recherche endogène constituent le fragment le plus important dans l'entreprise de mise en route des transformations sociales et économiques, ils s'intègrent dans un système d'éléments interdépendants et dépendent au demeurant d'une diversité de paramètres qui participent des conditions de possibilité/d'activation du développement.

Pour discuter de cette hypothèse, notre propos se subdivise en deux grandes parties. La première apporte la preuve que les sciences sociales sont un précieux outil de développement aussi bien en Afrique qu'ailleurs. L'idée défendue dans cette partie c'est que la panne de l'Afrique est la conséquence de celle des sciences sociales dans ce continent. Il est désormais établi que le travail que réalisent les sciences sociales, notamment l'intelligibilité et « la connaissance des lois qui régissent la société et le cours de l'histoire, ... aide à prévoir et peut-être à prévenir... C'est en effet en l'absence d'une connaissance suffisante de ces lois, à la faveur d'une ignorance plus ou moins docte, que germent et se développent les utopies politiques et sociales dont la réalisation tourne à la catastrophe » (Grignon 2002:133). La seconde partie montre, quant à elle, le caractère non-mécaniste du rapport de ces disciplines au développement à partir de situations africaines. Ce que relève Lahire (2002:44) parlant de la sociologie—à savoir que son « utilité extra-scientifique... dépend en partie de sa reconnaissance sociale en tant que discours scientifique légitime »—est vrai pour l'ensemble des disciplines que l'on regroupe sous l'appellation de sciences sociales. Reconnaissance qui, elle-même, est liée au degré de rigueur appliquée dans la production des connaissances, c'est-à-dire à la pertinence des productions scientifiques dans ce domaine (Lahire 2002:44).

Bien qu'elle soit essentiellement documentaire, notre recherche tient certaines de ses données de l'observation spontanée des expériences quotidiennes de situations africaines. C'est ce type d'observation que Grawitz (2001:395) qualifie de non systématisée. Elle consiste à accumuler, « sinon involontairement, du moins de façon plus ou moins marginale, des observations qui peuvent cependant susciter une orientation, une idée de recherche ». C'est une attitude spécifique qui renvoie à une collecte sans outil préalablement préparé de « faits significatifs [se produisant dans le champ d'observation » (Grawitz 2001:395).

1ère partie

La crise de l'Afrique : panne de la fabrique sociale du développement ou crise des savoirs sur le social

Cette partie apporte la preuve de la nécessité des sciences sociales dans le devenir de l'Afrique à partir d'un regard rétrospectif. C'est une analyse comparée de la situation des pays africains-sur les plans économique, social et politique— d'une part, et, de l'autre, de l'état de la pratique de la recherche en Afrique dans ce domaine de connaissance au cours de la séquence historique qui va de 1960 à 1992. Le choix de cette période est moins un fait de hasard ou de fantaisie qu'une affaire de repères pertinents : 1960 marque l'accession aux indépendances avec un lot de promesses en termes de développement économique et politique. En choisissant de prendre cette année pour repère, l'analyse nourrit l'ambition d'évaluer le chemin parcouru jusqu'en 1992, c'est-à-dire à l'heure des programmes d'ajustement structurel et des injonctions de toutes sortes de la part de l'Occident aux pays africains (Mappa 1995).

De manière plus précise, cette partie jette un regard croisé sur les expériences de développement et l'évolution des sciences sociales en situations africaines. La question ici c'est celle de savoir si le sous-développement de la pratique et du recours aux sciences sociales est une piste pertinente pour comprendre les difficultés rencontrées dans la fabrique sociale du développement dans ce continent. Dans la perspective d'une réponse affirmative, nous tirons profit de la « vision circulaire de la construction du monde social » (Corcuff 1995:49) propre à la sociologie réflexive de Giddens (1987:15) pour montrer que la situation de l'Afrique est la conséquence de celle des sciences sociales parce que celle-ci conditionne le développement, notamment celui de ce continent.

Le développement des sciences sociales en Afrique est envisagé ici sous un double angle quant à sa contribution dans la mise en route et la conduite des actions en vue de l'amélioration des conditions d'existence au sein de ce continent : à la manière du structurel, il est à la fois « con- traignant et habilitant » (Giddens 1987:226), l'obstacle et la possibilité. Le développement des sciences sociales est situé ici au départ comme une condition structurante de la transformation socio-économique et politique de ce continent avant l'entreprise de cette expérience et l'état de cette dernière apparaît comme un produit à l'arrivée. C'est la perspective d'analyse qu'offre la mobilisation de la dualité du structurel comme possibilité d'intelligence du réel par la théorie de la structuration de Giddens : avec elle, en effet, « les propriétés structurelles des systèmes sociaux sont à la fois des conditions et des résultats des activités accomplies par les agents qui font partie de ces systèmes » (Giddens 1987:15). C'est donc moins l'interrogation de l'histoire dans le sillage de la sociologie de Giddens qui est envisagée ici.

Une Afrique en difficultés

Situation sociopolitique

À leur accession aux indépendances au cours de la décennie 60, le plus grand défi auquel les pays africains sont confrontés sur le plan sociopolitique c'est la construction nationale, c'est-à-dire l'élaboration d'une structure et d'une com-munauté politiques viables. Dès les premières années, une stratégie a été mise sur pied pour atteindre cet objectif. La stratégie choisie dans la plupart des cas est la mise en place d'un État centralisé avec un exécutif fort soutenu par la finalité de réaliser l'unité nationale. Alors que « Les nouveaux États d'Afrique subsaharienne qui accèdent à l'indépendance dans les années soixante ont préparé leur émancipation dans le moule du parlementarisme » (Conac 1993:12), la seconde moitié de la décennie 60 sera celle de la dévalorisation de ce constitutionnalisme originaire (Conac 1993:12) et de l'abandon du pluralisme politique inhérent.

C'est le moment de l'adoption des régimes mono-partisans avec ce que cela comporte comme restriction des libertés publiques. Pour y arriver, deux principales techniques ont été expérimentées : le fait et le droit. Certains pays comme le Cameroun ou la Côte d'ivoire n'ont pas eu besoin d'un changement de constitution ; ici, la technique a consisté à rendre la loi fondamentale « ineffective dans ses dispositions les plus essentielles par l'émergence d'un parti unique de fait » (Conac 1993:13). D'autres, à l'instar du Zaïre (actuelle République démocratique du Congo), de la Guinée-Conakry ou de l'Angola, ont préféré se doter d'une nouvelle constitution pour légitimer l'absolutisme présidentiel.

Pour justifier le choix du parti unique, plusieurs raisons sont alors invoquées (Conac 1993:12-13). Pour aller rapidement, on peut les regrouper en trois catégories. La première : la thèse marxiste qui table sur l'incompatibilité du multipartisme avec une conception révolutionnaire du pouvoir. C'est celle que soutient Sékou Touré en Guinée-Conakry ou encore Sassou-Nguesso au Congo-Brazzaville. La deuxième catégorie concerne la thèse de la contrainte de l'unité nationale : la plupart des anciennes colonies françaises reconnaissent une valeur instrumentale à leur adoption du parti unique. Ici, l'avènement du parti unique répond à une contrainte, plutôt qu'à une fantaisie, celle de la construction de la nation. La troisième catégorie de motifs souvent avancée est celle qui justifiait l'adoption du parti unique par l'impératif du développement ; selon ce point de vue, le pays avait besoin du rassemblement de ses élites autour de certains objectifs.

Mais trente ans après, c'est-à-dire à l'aube de la décennie 90, ni nation ni développement, rien n'a été construit. Le projet d'État-nation a débouché sur la personnalisation du pouvoir dans nombre de cas (Médard 1983 ; Kamto 1987 ; Bayart 1985 ; Lootvoet 1996, etc.). Cette forme de privatisation du pouvoir a elle-même favorisé l'émergence d'une régulation des affaires publiques faisant le lit de la corruption et de l'affairisme (Médard 1998 ; Mbembe 1999). La principale remarque que l'on peut faire au sujet de cette période c'est qu'elle aura été une véritable négation de soi, notamment des différences entre les divers groupes sociaux que l'on réduisait alors au silence au nom de l'unité nationale (Fogui 1990). Pourtant cet étouffement des différences n'a pas abouti à leur repli ou à leur abandon au profit d'une identité de satellisation, c'est-à-dire une identité englobante dont se réclament d'autres de nature moindre. Comme le souligne fort opportunément Bourgi et Casteran (1991:22), « les rivalités ethniques constituent toujours, trente ans après les indépendances, la toile de fond du débat politique » (Scarrit and Mozzafar 1999 ; Diaw 1994). Le cas extrême du génocide rwandais de 1994 (Prunier 1995) ou l'affligeante démolition de la Somalie (Leymarie 1994) peuvent être évoqués pour attester de la pertinence de cette observation.

Ce fut une période difficile du fait de la loi du silence qui avait alors été imposée aux citoyens de tous bords. Ladite loi s'est traduite par de la confiscation des libertés (Mbembe 1985). L'un des visages les plus visibles de la stratégie de méconnaissance des libertés reste la pratique de l'emprisonnement sans procès. Tout ceci a débouché sur la caporalisation et la négation de la société civile (Bourgi et Casteran 1991:17 ; Conac 1993 ; Bayart 1992, etc.). Au regard de la situation économique de l'Afrique à l'aube de la décennie 90 et surtout de la montée de la précarité dans la majorité des couches sociales, l'on peut dire à la suite de Bourgi et Casteran (1991:23) que « le parti unique a aussi échoué dans ce pour quoi il était fait », notamment le développement.

Situation économique

Après trente années d'essai de développement et d'auto gouvernement, la situation économique n'est guère des plus reluisantes ou envieuses, elle est plutôt à la traîne et même peut-être à l'article du remorquage. À l'aube de la décennie 90, l'actualité est à l'accommodement aux défis induits de la conjoncture économique des années 1980. Accommodement parce que l'ordre du jour est à la survie, faute de possibilités d'espérer mieux face aux contraintes que les dits défis imposent aux populations et aux États du continent.

Au rang de ces défis, l'un des plus quotidiens, c'est la pauvreté endémique que connaissent les 10 % de la population mondiale qui y vivent. En dehors du fait que les indicateurs de pauvreté sont les plus élevés, l'Afrique abrite un nombre important de pauvres, c'est-à-dire des individus vivant en deçà du seuil de pauvreté, dans la dépossession psychologique, sociale et politique (Friedmann et Sandercock 1995:15) et de privation de toutes sortes. Pour avoir une idée de la situation, il suffit de se rappeler que « L'Afrique comprend 33 des 48 PMA (pays les moins avancés), 36 des 45 pays à IDH (indice du développement humain) faible » (Hugon 2000:18).

L'une des caractéristiques les plus nettes de cette situation de privation/dépossession se décline en termes d'insécurité alimentaire. La sous-alimentation est en effet devenue un phénomène chronique en Afrique. Selon les estimations, l'on est passé de 101 millions de sous-alimentés en 1969-71 à 168 millions en 1988-90, soit environ un tiers de la population africaine (Northoff 1993:73). Aujourd'hui, le nombre de sous-alimentés vivant en Afrique est estimé à 180 millions de personnes (Hugon 2000:18). À l'origine de cette situation, la baisse de la production alimentaire par habitant. Elle était de 2 % par an au cours des premières années de la décennie 80 (Northoff 1993:73). En 1982, la situation atteint son comble :

la famine qui sévit dans le continent conduit à des pertes importantes en vies humaines (Onitri 1990:49). Après vingt ans d'expérience, la situation alimentaire de l'Afrique est si précaire et préoccupante que l'on opte pour une aide alimentaire d'urgence ; l'exemple de l'Éthiopie est resté à jamais marqué dans les esprits. Cette insuffisance alimentaire résulte elle-même de la dureté des grandes sécheresses, et peut être considérée comme un effet induit des conflits politiques que connaissent nombre d'États africains en cette fin de la décennie 80 (Anonyme 2000:10).

C'est cette logique de la rareté ou, si l'on veut, de la privation que l'on retrouve également sur le marché de l'emploi. L'amorce de la décennie 80 s'est accompagnée d'une profonde crise des structures d'emploi. Les difficultés que connaissent les administrations publiques et privées conduisent au limogeage de nombre d'employés. Au Cameroun, pour ne prendre que cette illustration, de 1987 à 1991, l'on « a enregistré une perte d'au moins 58 689 emplois avec 37 778 emplois (soit 64,4 %) dus à des compressions. Dans le même temps, les 12 plus grandes entreprises publiques du pays réduisent leurs effectifs de 15 % » (Kobou 1999:133). C'est la même situation qui prévaut au Congo-Kinshasa. Ici aussi, le secteur de l'emploi est en crise depuis le milieu de la décennie 70 tant dans le secteur public que privé (Biaya 2000:32). Au Sénégal, l'heure est également à l'aggravation du chômage du fait de la perte croissante des emplois et de la réduction sensible des recrutements de la part du principal pourvoyeur que représente l'État (Fall 1997). La crise de l'emploi n'épargne personne, pas même des pays considérés comme les géants de l'économie africaine. Le cas du Nigeria, en proie à une forme sévère de raréfaction de l'emploi, en est un exemple concret (Nnoli 1993). À partir de ces exemples, l'observateur peut se faire une idée de la situation de l'emploi dans les pays africains à la fin de la décennie 80.

À côté de cette dégradation du tissu socio-économique, l'on assiste aussi à une accentuation de la dépendance de l'Afrique. Cette situation est du reste facile à saisir pour peu que l'on s'intéresse au développement économique du continent : les pays africains sont demeurés des économies rentières (Hugon 1999) et extraverties (Bayart 1999) alors que l'industrialisation du continent reste embryonnaire en contraste avec le taux exponentiel d'endettement. En plus de ce maldéveloppement, qui a débouché sur des programmes d'ajustement structurel sans résultats (Hugon 1993), l'Afrique doit aussi faire face à ses 20 millions d'enfants touchés par le sida et surtout à sa déconnexion des flux d'échanges de toutes natures qui participent de la *villagisation*[5] (Abé 2001) du monde. Cette déconnexion s'observe dans le volume de ses échanges avec l'extérieur notamment les pays du centre : avec une participation de l'ordre de 2 % seulement au commerce mondial et une réception quasi nulle, 1 %, des investissements directs (pour les chiffres, voir Hugon 2000:18), il ne fait aucun doute que l'Afrique est en marge de l'évolution actuelle du monde. C'est aussi l'observation que font Bourgi et Casteran (1991:24) lorsqu'ils soulignent que « Moins nécessaire à l'économie mondiale, délaissée par les grandes puissances, négligée par les rivalités idéologiques tombées en désuétude, l'Afrique se retrouve seule ».

L'une des causes de cette marginalisation c'est l'endettement du continent. L'image qui revient alors partout c'est celle d'un continent qui vit sous perfusion c'est-à-dire uniquement grâce aux aides des bailleurs de fonds et des institutions de Bretton Woods. Le continent croule alors sous le poids de la dette extérieure. Quelques exemples suffisent pour se faire une idée de la situation qui prévaut à l'aube de la décennie 90. Les exemples retenus sont ceux du Mali, du Cameroun et du Gabon. « En 1992, la dette extérieure du Mali s'élevait à 800 milliards de francs CFA (16 milliards de francs français) » (*Le Monde* 1992:100), soit environ quatre fois le budget de ce pays au cours de la même année. La situation du Cameroun s'écarte à peine de celle du Mali ; au cours de l'année 1992, la dette extérieure du Cameroun était de mille cinq cent milliards de francs CFA (*Le Monde* 1992:102). Ce qui ne rassure guère les institutions de financement qui commencent déjà à bouder le pays. C'est également en raison de cet endettement exponentiel que le Gabon éprouve beaucoup de peine à honorer ses contrats avec les créanciers : « Début 1992, la dette publique extérieure s'élevait à 809 milliards de francs CFA, le service en représentant, à lui seul, 384,5 milliards de francs CFA-l'équivalent pratiquement du budget » (*Le Monde* 1992:103).

Face à ces problèmes de trésorerie que connaissent les pays africains, les institutions de financement et les bailleurs de fonds internationaux sont de moins en moins rassurés. Ce manque d'assurance se traduit par l'abandon du continent ; incapables de compter sur eux-mêmes, les pays africains sont aussi incapables d'accéder au privilège de « la gouvernance d'endettement facile » (Ekoué Amaïzo 2001:28). À l'instar du Cameroun, nombre de pays africains se voient exclure de l'accès à l'aide. Comme en République centrafricaine, les fonctionnaires durent passer nombre de mois sans salaire avant de se voir licenciés. La crise de confiance du marché financier international à l'égard du continent africain a également pour conséquence la privation de l'accès aux ressources qui n'occasionnent pas d'endettement. On parle alors d'une Afrique étranglée (Dumont 1982).

Le seul secteur qui continue à entretenir l'illusion que l'on peut encore se tirer d'affaire, parce qu'il semble en mouvement en offrant des possibilités de débrouille (Biaya 2000:34), c'est celui de l'économie populaire urbaine communément appelé secteur informel ou non structuré. Cette économie qui « occupe l'immense majorité de la population » (Diouf 1998:19) est apparue comme un paravent à la situation de précarité galopante (Abé 2001:326-27 ; Diouf 1998:19).

Bref, ce que l'on peut aisément constater c'est que le développement annoncé et légitimement attendu n'a pas suivi. Le bilan est décevant : sous l'effet de la pauvreté, de la dette, de la chute des cours mondiaux des matières premières, de l'accroissement du chômage, de la contribution marginale de l'aide extérieure (Onitri 1990:49), etc. les économies africaines croulent dans l'infortune au même moment où elles expérimentent la rareté des ressources, les difficultés de tous ordres et la marginalisation. Pour reprendre une expression chère à l'économiste égyptien Amin (1989), c'est *la faillite du développement en Afrique*. Cette situation rejoint celle que nous avons décrite plus haut au sujet de la réalité sociopolitique. Ce qui montre que les trente premières années de gouvernance après les indépendances ont conduit l'Afrique à des difficultés de toutes sortes.

Cela dit, au-delà des discours ambiants qui ne s'arrêtent que sur la responsabilité du mode de gestion des affaires publiques, peut-on dire que la situation de la recherche et de la production des connaissances dans le domaine des sciences sociales est la cause/raison de ces difficultés ? Autrement dit, ces performances de l'Afrique sont-elles à la mesure des performances scientifiques dans ce domaine d'intelligence du réel ? C'est à ces questions que nous entendons à présent trouver réponse.

Les sciences sociales en Afrique : leçons du passé

Analyse de situation

La présente subdivision s'emploie à saisir la situation de l'Afrique que nous venons de décrire à partir de celle des sciences sociales dans le continent. Deux ou trois pistes s'offrent alors à l'observation : d'une part, l'état de ces disciplines en Afrique comparé aux pays développés en termes de personnel employé et, de l'autre, la responsabilité des intellectuels spécialisés dans ce domaine de production du savoir notamment dans la démocratisation du politique et la mise en route du développement.

Bien que les sciences sociales jouissent de peu de considération aux côtés des disciplines telles que les mathématiques ou les sciences physiques par exemple (Ela 1994:8 ; Diouf 1982:164), les infrastructures pour l'enseignement et la recherche dans ce domaine ne manquent pas en Afrique (Mbonigaba Mugaruka *et al.* 1982). En dehors des centres de recherche spécialisés, tels que l'IFAN (Institut fondamental d'Afrique noire) à Dakar ou l'ISH (Institut des sciences humaines) à Yaoundé, pour ne citer que ceux-là, les sciences sociales sont enseignées dans les facultés et les grandes écoles telles que l'école normale ou celle d'administration. Mais là où le manque est criant, c'est au niveau des ressources humaines.

D'une manière générale, le personnel employé dans la recherche et l'enseignement des sciences sociales en Afrique au cours des trente premières années après l'indépendance n'est guère suffisant. Les travaux de l'historien burkinabé Ki-Zerbo (1992:8) permettent de se faire une idée de cette situation :

> Le nombre de scientifiques et d'ingénieurs africains employés à des travaux de Recherche-Développement représente seulement 0,4 % du total mondial contre 11,2 % pour l'ensemble des PVD[6] en 1980. L'indice de densité de scientifiques et d'ingénieurs employés à la Recherche-Développement par millions d'habitants en Afrique (hormis les pays arabes) est estimé à 49 en 1980, contre 127 pour l'ensemble des PVD et 2986 pour les pays développés. La part de l'Afrique dans la littérature scientifique est de 0,3 contre 0,96 pour l'Amérique latine et 94 % pour les pays du Nord. Ces pourcentages [restent] pratiquement stationnaires pour l'Afrique.

Dans le domaine des sciences sociales, cette carence est beaucoup plus sensible encore. Trois exemples suffisent pour l'illustrer. Au Bénin, « Les éléments formés dans ce domaine ne sont pas légion » (Aguessy 1982:48). La situation est la même au Cameroun (Ndoumbé Manga et Atem Endaman 1982:60) et au Sénégal (Diouf 1982:164). Ce constat permet de risquer un rapprochement en faisant l'hypothèse que le nombre de spécialistes en sciences sociales a un rapport d'entraînement avec le développement socio-économique d'un pays. L'on peut en réalité comprendre et expliquer le décalage qu'on observe au sujet du développement entre les pays développés et les pays en essai de développement—communément appelés pays en voie de développement— concernant les effectifs employés dans le domaine des sciences sociales.

L'histoire du développement actuel des pays dits du centre est riche de leçons pour ce qui est de l'importance des effectifs dans l'entreprise du développement. Comme l'observe fort opportunément Jackson (2000:54), « Aujourd'hui, le facteur déterminant qui conditionne le développement du capitalisme, c'est la science et la technologie. Les pays ont besoin, pour leur développement, de faire appel à une main-d'œuvre hautement qualifiée ». Mais dans le cas de l'Afrique,

> l'une des clés pour poser correctement les problèmes... et donc d'amorcer valablement leur résolution, c'est le concept du développement endogène. Et l'on ne devrait jamais prononcer le mot « développement », si chargé d'équivoques, sans l'assortir de ce qualificatif « endogène » qui l'affecte d'un signe positif (Ki-Zerbo 1992:1).

Pour rendre le développement endogène, c'est-à-dire l'articuler au contexte de sa réalisation en tenant compte des particularismes socioculturels, il faut être en mesure d'identifier les éléments structurels constitutifs de la tradition, de l'histoire et de la culture locales (Drucker 1990:135-136). Il s'agit là d'un travail dont seules les sciences sociales détiennent le secret. C'est pourquoi en Afrique, quand on parle de main-d'œuvre hautement qualifiée en vue de la mise en route des chantiers du développement, c'est d'abord des spécialistes des sciences sociales qu'il est question.

L'enseignement que l'on peut donc tirer des données quantitatives privilégiées par Ki-Zerbo, c'est qu'il existe une relation de causalité, une corrélation/adéquation forte entre la production de connaissances et l'importance du personnel scientifique employé dans le secteur de la recherche-développement et les performances économiques d'un pays ou d'un continent. Les pourcentages montrent en effet que plus l'on a de ressources humaines dans cette branche de la recherche, plus l'on est présent dans le champ de la production scientifique, et mieux l'économie se porte. Eu égard à ce qui précède, l'on peut dire que les difficultés que connaît l'Afrique constituent une conséquence de l'insuffisance de son personnel en recherche-développement; insuffisance qui expliquerait également celle de la contribution africaine à la production des connaissances dans le domaine des sciences sociales. Nous reviendrons plus loin sur les raisons de cette situation en interrogeant les politiques publiques en matière de promotion des sciences sociales en Afrique.

Toujours pour montrer que la situation de l'Afrique est largement tributaire de celle des sciences sociales dans ce continent, nous proposons de porter l'attention sur la responsabilité des spécialistes de ce domaine de production des connaissances. Comme nous l'avons souligné plus haut, l'accession des pays africains à l'indépendance s'est faite dans le pluralisme politique ; mais celui-ci a vite laissé place à des régimes de parti unique soucieux de faire régner la discipline au niveau de la société civile au prix parfois de « l'élimination physique ou de l'exil d'une large fraction de la population » (Lootvoet 1996:85 ; Le Pensec 1988:94-6). Les intellectuels africains n'ont hélas pas été épargnés par cette technologie de fabrication du silence par le biais des intimidations de toutes sortes allant parfois jusqu'à l'emprisonnement ou, plus grave, à l'assassinat (Kom 1993:61-8).

Si l'on ne s'en tenait qu'à ce constat, l'on pourrait conclure qu'en raison de la mise au pas des communautés universitaires par les pouvoirs centraux africains (Adarelegbé 1991:69-91) conséquence de cette technologie de fabrication du silence, la modestie et la timidité de leur contribution au développement politique du continent est justifiable surtout quand on prend en compte l'importance quantitative du personnel actif. Cependant, une telle lecture peut s'avérer caricaturale parce très peu proche de la réalité. Premièrement, cette thèse laisse penser que tous les intellectuels africains sont contre le pouvoir. Or, tous les intellectuels africains ne se trouvent pas en dehors des sphères de pouvoir. Ensuite, comme l'observe Mamdani (1994:278), quel que soit le camp auquel ils appartiennent, les spécialistes des sciences sociales se sont peu démarqués des positions fondamentales de l'élite au pouvoir. À titre d'illustration, l'analyse de leurs travaux montre que, indépendamment du rapport au pouvoir, ils manifestent une adversité à l'égard de la démocratie et du pluralisme politique au même moment où ils s'accordent avec la classe dirigeante que le développement doit venir du sommet plutôt que de la base à la manière d'un processus participatif (Mamdani 1994:278-82). Ce qui permet de dégager une fois de plus la responsabilité des sciences sociales dans la situation de l'Afrique à l'aube de la décennie 90. Pour illustrer cet argument, considérons seulement la récupération et la manipulation des spécialistes de la recherche-développement en sciences sociales en Afrique.

En effet, malgré l'insuffisance de leurs effectifs pour une recherche-développement significative, nombre de spécialistes des sciences sociales « sont largement au pouvoir : ils constituent certains noyaux de l'appareil d'État mais ils n'ont pas ressenti la nécessité d'exercer eux-mêmes ou encore de déléguer leur fonction de connaissance qui, après tout, constitue la définition première de leur position sociale » (Copans 1990:230). Ochwada (1997:42-3) propose l'exemple du Kenya pour comprendre comment fonctionnent ces intellectuels de l'État ; il nous apprend qu'au Kenya, ces intellectuels ne s'arrêtaient pas à la légitimation de la gabegie et du clientélisme de l'État, bref de son fonctionnement néo-patrimonial, « Ils faisaient même l'éloge des leaders lorsque ces derniers commettaient des erreurs » (1997:42). Ce sont alors les Apparatchiks, les thuriféraires des régimes autoritaires en place ; ce sont eux qui les aident à se maintenir et à perpétuer la dictature comme forme de gouvernement légitime en Afrique. C'est dire que leur expertise a moins été mise au service du statu quo que de l'amélioration des règles de gouvernement en vue de l'instauration d'une régulation démocratique.

Cette attitude de certains spécialistes des sciences sociales ne traduit nullement la défaillance de ces disciplines. Elle peut se saisir à partir d'un parallèle avec les sciences dures. L'usage de la bombe atomique à Hiroshima et à Nagasaki pour détruire des vies humaines ne médiatise pas la défaite des sciences dures mais leur trahison par leurs utilisateurs. La même analyse peut être faite de l'attitude des spécialistes en sciences sociales devenus Apparatchiks. Dans ce sens, leur conduite met plutôt en exergue les conséquences d'un certain usage de ce domaine de savoir par des clercs carriéristes ; si l'on en croit le rôle que Durkheim et Comte assignent aux producteurs de savoir en sciences sociales, à savoir participer par le biais de cette activité à l'amélioration des conditions de vie des populations qu'ils étudient, cette attitude peut être appréhendée comme une figure du sous-développement des sciences sociales en Afrique. C'est donc parce qu'elle constitue une fuite en avant de la part de ses acteurs, une démission (Caillé 1993) flagrante de leur fonction que l'adhésion sans recul des spécialistes en sciences sociales aux structures des appareils d'État, dont la responsabilité dans la crise de l'Afrique est avérée, apparaît comme une preuve de plus attestant que la situation de ces disciplines permet de rendre compte de celle du continent : elle ne serait alors que le reflet de cette dernière. Les difficultés que connaît le continent s'appréhendent dès lors comme la conséquence de la trahison des sciences sociales (Benda 1965) par leurs acteurs principaux. Trahison qui évolue à rebours de la finalité assignée à la recherche dans ce domaine parce qu'elle débouche sur l'entretien et le maintien d'une gouvernance défavorable au développement des pays africains.

Tout ce qui précède apporte la preuve de l'adéquation entre la situation des sciences sociales et les performances économiques autant que sociopolitiques dans le continent africain, notamment en Afrique subsaharienne : au sous-développement des sciences sociales correspondent les difficultés de tous ordres que nous avons décrites plus haut, celles-ci constituant une conséquence de celui-là. Dans la mesure où leur développement médiatise et conditionne celui du continent africain, comme nous venons de le voir, il n'est point exagéré de soutenir avec Joseph Ki-Zerbo que le développement des sciences sociales en Afrique constitue le devenir/développement de ce continent. C'est aussi ce que permet de démontrer le parallèle entre la pratique des sciences sociales en Afrique et la situation de ce continent.

L'improductivité politique des sciences sociales en Afrique

Nous venons d'illustrer que le sous-développement des sciences sociales en Afrique est une conséquence de l'environnement au sein duquel elles sont pratiquées. Cependant, l'analyse resterait incomplète, superficielle et, partant, partisane si l'on s'arrêtait là, c'est-à-dire sans interroger les facteurs internes à leur pratique dans ce contexte. Un examen minutieux et sans complaisance de la pratique des sciences sociales en Afrique au cours des trente premières années d'indépendance peut, en effet, apporter de précieux éléments d'argumentation à la thèse selon laquelle les sciences sociales sont également à l'origine de leur « atonie politique » (Caillé 1993:16). L'hypothèse que nous continuons ainsi d'explorer c'est celle qui affirme que le sous-développement de la pratique des sciences sociales en Afrique a été préjudiciable au décollage des pays de ce continent tant sur le plan économique que politique. De manière beaucoup plus précise, il s'agit d'évaluer les conséquences d'une certaine pratique des sciences sociales sur les projets de développement de l'Afrique. Pour y arriver, nous n'avons retenu que trois traits saillants de cette pratique : le défaut d'ajustement du regard, le goût de l'autopsie et l'étatisme qui se dégage de l'analyse des travaux.

Durant les trente premières années d'indépendance, une curieuse pratique des sciences sociales a prévalu en Afrique. Celle-ci a consisté à se dispenser d'« une analyse de la processualité inhérente à chaque notion » (Bidima 2000:92). À titre d'exemple, l'usage du développement, en tant que notion dans les travaux, s'est souvent fait de manière incontrôlée. Quand Kabou (1991) soutient que les Africains refusent le développement, ou même lorsque Etounga-Manguellé, qui la rejoint, pense à la suite d'une telle affirmation que l'Afrique a besoin d'un ajustement culturel (1993), c'est sûrement de la modernisation qu'ils parlent. Cette confusion entre développement et modernisation transparaît davantage encore dans le titre d'un article par Etounga-Manguellé consacré à la démonstration de sa thèse à partir de l'exemple camerounais (1995) : il soutient alors que le sous-développement du Cameroun est l'une des « conséquences d'une modernisation tardive de nos schémas sociaux » (1995:74). Or, comme le démontre fort opportunément Copans, la modernisation est différente du développement et vice versa (1990:226-35) : si l'une, la modernisation, constitue « une acquisition imposée, *non sui generis* de traits désincarnés et désarticulés » (1990:227), l'autre, notamment le développement, est « une production indigène, autochtone de la modernité » (1990:229).

L'erreur des analyses proches de la thèse défendue par Axelle Kabou et Daniel Etounga Manguellé c'est d'adopter des concepts sans recul ; et « Dans cette administration des concepts, la réflexion, activité douloureuse d'ouverture de la pensée à elle-même et à ce qui n'est pas elle, ne s'astreint plus à l'hésitation, au doute, au sondage de ses présupposés » (Bidima 2000:92). Une telle pratique des sciences sociales se dispense également de recherche de terrain véritable pour se répandre en déclarations pompeuses relevant plus de la monstration que de la démonstration (voir la critique de Médard (1994) à l'école des modes populaires d'action politique ; Sindjoun 2002:2-3). La conséquence de ce genre de pratique de la recherche c'est qu'elle débouche sur « une vision désocialisée de la vie sociale » (Wieviorka 2000:11) ainsi qu'on l'a vu plus haut avec Axelle Kabou et Daniel Etounga-Manguellé. C'est également ce que constate Sindjoun (2002:3) lorsqu'il reproche aux études qui n'analysent la vie politique africaine qu'à partir « des catégories [exotiques] de la dérision et du simulacre » leur absence d'ajustement du regard à la réalité qui se donne à voir dans les chantiers de l'expérience sociale.

Or, c'est justement l'expérience de terrain qui rend possible la réflexion sur le concept, notamment par le biais de sa mise à l'épreuve des réalités quotidiennes. C'est ce qui transparaît de l'analyse du travail de l'anthropologue français Copans (1990:231), pour ne citer que lui, confrontant le concept de développement à la réalité, il parvient à la conclusion selon laquelle « les politiques dites de développement au lieu d'accélérer la maturation la gangrènent cyniquement de l'intérieur ». C'est dire que cette façon de pratiquer les sciences

sociales qui a prévalu en Afrique par le passé a débouché sur
une privation substantielle ; en raison de son défaut de regard
critique et réflexif, elle a privé les agents à l'œuvre de la
connaissance de l'infrastructure anthropologique endogène,
sorte de Building Blocks servant d'éléments structurels de base
dans la formulation des actions de développement qui se
veulent pertinentes. C'est à ce titre que cette pratique des
sciences sociales s'appréhende en facteur explicatif des échecs
enregistrés au cours des trente premières années d'essai de
développement en Afrique. Le sous-développement des sociétés
africaines apparaît ainsi comme la médiatisation de celui de la
pratique des sciences sociales en Afrique. Ainsi se dévoile la
corrélation entre ces dernières et le devenir de ce continent.

Un autre argument plaide pour cette thèse, c'est une logique
interne à la pratique des sciences sociales, logique qui impose
au chercheur la distanciation à l'égard du temps (Elias 1997:355-
83 ; Sindjoun 1999:1-3) et qui a abouti à une tradition de la
recherche valorisant des études rétrospectives dans le champ
du développement en Afrique. Dans la plupart des cas, les
sciences sociales sont venues une fois les lampions éteints ;
l'ambition et l'objectif de cette intervention tardive étant de
faire l'état des lieux, c'est-à-dire d'évaluer et d'expliquer les
échecs enregistrés dans la mise en œuvre d'un programme ou
d'un projet de développement (Boiral 1985:47). Ce qui a
contribué à les isoler des champs d'action, cristallisant à leur
égard l'image d'un domaine de connaissance improductif parce
qu'en déphasage avec les préoccupations des sociétés qu'elles
étaient censées étudier (Boiral 1985:47). Ce désintérêt, mieux,
cette abdication, « d'à peu près tous les débats importants de
l'époque » (Caillé 1993:7) en a fait des disciplines n'ayant rien
à voir avec le devenir de l'Afrique. Et on peut postuler que c'est
à cause de cette démission de « leur rôle d'éclaireurs et
d'éveilleurs de la conscience collective, ayant charge de dire
le possible et le souhai- table » (Caillé 1993:7) que l'Afrique

expérimente encore aujourd'hui des difficultés de toutes sortes.

Ce que nous voulons mettre en lumière ici c'est le décalage entre des conclusions obtenues dans le temps et, par voie de conséquence, leur peu d'utilité pour l'expérience en cours. Il ne s'agit donc pas de soutenir l'incompétence de l'approche diachronique à produire des connaissances pertinentes. L'on connaît l'importance du détour anthropologique dans l'anthropologie dynamique africaniste, notamment chez Balandier (1985) ou encore de la prise en compte de l'historicité chez Elias (1973, 1974, 1975) dans la sociologie de la structuration de Giddens (1987). Ce n'est donc pas l'approche diachronique qui est en cause ici, mais un certain usage de l'histoire dans l'analyse et la pratique des sciences sociales en Afrique au cours des trente premières années d'indépendance.

L'autre pratique qui atteste de la responsabilité du sous-développement des sciences sociales sur la situation de l'Afrique, c'est le soutien sans recul, une fois de plus, à la stratégie de développement adoptée par les pouvoirs publics, notamment celle de l'État-développeur. Comme le démontre Mamdani (1994:278-82), indépendamment de sa position par rapport au pouvoir, qu'elle soit au pouvoir ou non, l'intelligentsia intéressée par les questions de développement partageait la conception étatiste du développement et considérait que ce dernier est moins le résultat d'une entreprise de transformation sociale à partir de la base que le résultat de l'initiative de l'État. Ce qui a contribué à légitimer une méthodologie top-down dont l'éloquence des résultats se passe de tout commentaire. Ici aussi, le défaut de réflexivité et de critique qui caractérise ce soutien ambiant à l'étatisme comme méthode de développement peut s'appréhender comme une cause de la situation que connaît alors le continent aujourd'hui.

De tous ces développements qui précèdent l'on peut retenir qu'une pratique des sciences sociales sans réflexivité ni esprit critique et une certaine implication des spécialistes en sciences sociales conduisent à l'impasse dans la mise en route du développement. C'est ce que donne à voir l'exemple africain. Il démontre en effet « que les conditions de possibilité de la connaissance scientifique et celles de son objet ne font qu'un » (Bourdieu 1997:143). Ainsi, au sous-développement des sciences sociales en Afrique correspond /répond celui des pays africains ; cette coïncidence/ correspondance de situations ou d'états s'appréhende dès lors comme la preuve que le devenir de ces mêmes pays peut aussi être rapproché (lié) de celui des sciences sociales en Afrique. Dans la mesure où c'est en effet en raison de la stérilité politique (Caillé 1993:16) de la pratique des sciences sociales en Afrique que les premières initiatives de développement du continent ont débouché sur une panne, le renversement de tendance augure d'un départ nouveau (Chabal et Daloz 1999). Ceci apparaît d'autant plus envisageable quand on sait qu'« il n'y a pas de société économiquement développée sans l'apport des sciences sociales » (Ela 1994:9). C'est à ce titre que l'on peut considérer que le développement des sciences sociales en Afrique est nécessaire ou détient la clé de son développement/devenir. Mais cette hypothèse du *twin developed* ne peut fonctionner de manière mécaniste parce que sa traduction dans les faits est liée à la construction d'un contexte de faisabilité.

2e Partie

Contexte de faisabilité : l'hypothèse du *twin developed* à l'épreuve des contraintes

Dans cette partie, nous nous employons à apporter la preuve du caractère non mécaniste du rapport des sciences sociales au développement à partir de l'exemple africain. La thèse centrale qui guide notre démonstration c'est que ce rapport est conditionné par l'émergence d'un contexte de faisabilité; celui-ci désigne l'ensemble des conditions sociales/ environnementales qui opèrent comme déterminants de l'efficacité ou de la productivité du savoir produit par les sciences sociales dans l'entreprise du développement. Envisagée sous cet angle, la question du rapport des sciences sociales au devenir de l'Afrique nous situe en plein cœur de la problématique des conditions sociales de possibilité de la connaissance scientifique dont parle Bourdieu (1997). Ce qui nous introduit dans une socio-logique spécifique des sciences sociales en Afrique autant qu'à celle de leur usage dans le continent.

L'interrogation anthropologique sur le sida

L'impératif d'un contrôle réflexif de la production des connaissances

Pour situer le lecteur, il est apparu utile de justifier le choix du champ d'étude dans lequel les exemples servant d'illustration dans cette subdivision sont puisés. Pour faire la socio-logique de la pratique des sciences sociales nous avons choisi de situer notre propos dans le champ de l'anthropologie de la santé au cœur d'une interrogation récente, notamment celle qui porte sur le sida. Plusieurs raisons peuvent être évoquées pour justifier ce parti pris. La première est liée à l'importance de cette maladie en Afrique, deux tiers des personnes infectées par le VIH (soit

26,5 millions d'individus) vivent en Afrique subsaharienne
(Eboko 2002:1-2) et la seconde à l'auto-remise en question à
laquelle son étude soumet l'anthropologie (Benoist et Desclaux
1996:365). Plus pertinent encore apparaît le fait que
l'interrogation sur la question du sida en Afrique peut, à elle
seule, servir à élucider les conditions sociales de possibilité de
la connaissance scientifique dans ce continent parce qu'elle se
situe à la lisière de l'action et de la recherche fondamentale.

L'histoire de la construction anthropologique de l'objet sida
comme centre d'intérêt de la recherche fondamentale en
Afrique date des toutes premières années de la décennie 80
c'est-à-dire à peu près à la même période que l'apparition des
premiers cas d'infection. Les travaux pionniers sont le fait
d'ethnologues occidentaux ; il est important de le signaler parce
que cette information est porteuse de signification. En venant
sur le terrain, ces spécialistes de l'Afrique avaient en bonne
place dans leurs bagages les catégories d'observation éprouvées
dans leur contexte, c'est-à-dire en Amérique du Nord et en
Europe. Ce qui a été lourd de conséquences comme nous le
verrons dans la suite de notre propos. La notion de groupes à
risque est celle qui est alors à la mode aux États-Unis, ceux-ci
sont les groupes sociaux que l'on identifie comme des réservoirs
du virus ; on parle des quatre « H » : homosexuels, héroïnomanes,
hémophiles et Haïtiens (Fassin 1996). L'explication de l'origine
de la maladie, de sa transmission est attribuée à des pratiques
sexuelles débridées et exotiques ; ce que l'on recherche, c'est
une civilisation sidatogène (Paillard 1996:151), c'est-à-dire un
bouc émissaire.

On retrouve cette préoccupation dans les travaux des
premiers ethnologues étrangers qui ont été réalisés en Afrique.
L'équipe conduite par Clumeck (1983) n'avait pas moins cette
ambition même si elle ne le dit pas dans son travail. Pour preuve,
au cours d'une interview accordée au journal *Le Monde*,
Clumeck pointe du doigt la sexualité débridée des Africains

(*Le Monde* du 28 novembre 1987). D'autres travaux qui vont suivre n'hésitent pas à attribuer l'antériorité, non plus l'origine, du sida à l'Afrique en raison du même présupposé. Le lecteur pourrait se référer à ceux de Van de Perre et son équipe (1984) ou à ceux de l'équipe dirigée par Serwadda (1985) pour s'en convaincre.

Ces premiers travaux ont eu une grande influence sur la recherche anthropologique sur le sida en Afrique. Comme le relève Bibeau (1996:16), les anthropologues en sont venus à se focaliser sur « des cultures de la sexualité et plusieurs se sont attelés à mettre en évidence la diversité, à travers le monde, des bases culturelles organisant l'expression de la sexualité. Dans ce domaine de recherche ... les pièges étaient nombreux et les anthropologues n'ont pas toujours pu y échapper ».

Ce qui est en cause dans cette première orientation des travaux anthropologiques sur le sida en Afrique, ce n'est pas le transfert de problématique et de catégories d'analyse auquel l'on a assisté, encore moins l'origine culturelle des chercheurs, mais le défaut d'un contrôle réflexif de la production scientifique qui est ici médiatisé par le retour d'une vieille hantise, celle d'un regard incontrôlé/sans ajustement à l'objet et celle de la recherche de l'exotique pour comprendre la réalité qui a cours chez soi (Copans *et al.* 1971 ; Copans 1974). Vieille hantise qui fait le lit du sous-développement des sciences sociales en Afrique et dont l'abandon apparaît comme une condition au développement socio-économique et politique de ce continent.

Par ailleurs, il est difficile de dire que la focalisation des premiers travaux sur la promiscuité sexuelle a permis une meilleure couverture de tous les champs possibles pour comprendre la transmission et l'évolution du sida par l'anthropologie dans ce continent. Comme le relève l'étude de Packard et Epstein (1991), elle a empêché l'observation d'autres co-facteurs ou indicateurs qui pouvaient être aussi éclairants pour la transmission hétérosexuelle du sida en Afrique que la fréquence des contacts sexuels. Ce qui a débouché sur « la réduction du champ de l'investigation scientifique et donc des possibilités de compréhension de la maladie » (Fassin 1996:8).

C'est parce que les anthropologues ont compris l'étroitesse de vue inhérente à cette approche portant sur l'exotisme de la sexualité que l'orientation des études actuelles tend vers un contrôle réflexif des prémisses du savoir anthropologique produit sur le sida en Afrique. Cette pratique de la recherche est médiatisée par la tendance générale à la déconstruction des catégories d'analyse reçues des travaux de départ. Ainsi Bibeau (1996:19) qui démontre que la pertinence d'un discours anthropologique sur le sida passe par la déconstruction des catégories liées au paradigme ou plutôt au « mythe de la civilisation sidatogène » (Paillard 1996:151) ; il illustre cela à partir de la décomposition du concept de « culture de la drogue » et extrapole alors en suggérant que cela soit fait « dans le cas des prostituées, des homosexuels, des lesbiennes et de leurs partenaires sexuels pour démontrer que ces regroupements ne constituent... ni des catégories naturelles, ni des entités épidémiologiques homogènes, ni des groupes qui seraient porteurs d'une seule culture ». Ce regard critique et ajusté qui permet d'exercer un contrôle réflexif sur les catégories que l'on mobilise pour expliquer le réel constitue une des exigences du développement des sciences sociales en Afrique et, partant, de celui de ce continent.

On peut arriver à la même conclusion à partir de l'examen de l'évolution des méthodes de collectes des données qui ont été utilisées jusqu'ici pour recueillir le matériau des analyses. Au départ, le recueil des données se faisait à l'aide des méthodes ethnographiques. Mais très vite, l'on est passé à l'abandon de cette tradition de terrain pour adopter des outils de la démographie ou de la psychologie sociale. Les effets négatifs sur le développement des études anthro-pologiques sont connus, notamment la limitation à l'administration de l'enquête CAP (connaissance, attitudes et pratiques). La distanciation que l'on peut observer aujourd'hui avec le retour de la tradition ethnographique constitue également une victoire de l'exercice d'un contrôle réflexif sur la pratique et les résultats de la recherche (Fassin 1990 ; Fassin 1995:21-4 ; Bibeau 1996:15). Ce qui fait avancer le savoir et rend possible une meilleure intervention des praticiens de la santé.

Ce qui précède apporte également la preuve que c'est de l'émergence d'une production du savoir fondée sur un contrôle réflexif rigoureux que dépend le devenir de l'Afrique. Il apparaît au demeurant que pour être un outil efficace de développement pour cette partie du village planétaire, les sciences sociales doivent d'abord commencer par se développer elles-mêmes. Et comme nous venons de le démontrer, ce développement des sciences sociales en Afrique passe par l'impératif de l'émergence d'un contrôle réflexif critique de la production du savoir. La réflexivité critique dont nous parlons est un travail collectif qui permet « à la raison scientifique de se contrôler de mieux en mieux elle-même, dans et par la coopération conflictuelle et la critique mutuelle, et de se rapprocher ainsi peu à peu, de l'indépendance totale à l'égard des contraintes et des contingences » (Bourdieu 1997:145). Si le contrôle réflexif de la production du savoir peut paraître facile quand on la situe dans le temps long du fait du caractère cumulatif des découvertes scientifiques, tel n'est pas le cas de figure qui se donne à voir face au temps court.

La participation distanciée : rompre avec l'attrait de l'autopsie

Nous soulignions plus haut que l'une des difficultés auxquelles les sciences sociales sont confrontées en Afrique en terme d'approche c'est leur désintérêt pour le présent au profit du goût pour l'autopsie. Or, non seulement « le recul historique n'est pas nécessairement facteur de vérité ou encore condition d'accumulation des données et ou d'objectivité, de sérénité du discours » (Sindjoun 1999:3) mais surtout, comme c'est le cas aujourd'hui, les problèmes qui meublent le quotidien des sociétés que les sciences sociales s'emploient à comprendre s'opposent à cette logique du refroidissement avant examen. Dans un contexte comme celui de l'Afrique où la situation est des plus urgentes, notamment à une période où les acteurs sociaux expérimentent toutes sortes de difficultés et deviennent exigeants du fait de l'urgence de l'immédiateté, les sciences sociales peuvent-elles mériter leur qualificatif ou penser contribuer au développement dans le cas où leur intervention se fait uniquement après coup (dans les laboratoires) à partir d'un regard distancié ?

Si la distanciation à l'objet dans la pratique des sciences sociales constitue l'une des conditions de leur développement tant ailleurs qu'en Afrique, c'est aussi cette règle qui suscite de plus en plus d'interrogations lorsque l'on traite de la problématique du rapport des sciences sociales à l'amélioration de l'expérience quotidienne tant cette dernière fait pression. Et la recherche anthropologique sur le sida reste confrontée à ce problème plus que toute autre d'ailleurs dans le domaine des sciences sociales. Pour s'en convaincre, il suffit de l'interroger ou s'en intéresser pour constater que :

> Le sida oblige. Tant que les moyens d'attaquer de front le virus resteront insuffisants, tous ceux qui, à des titres divers, collaborent autour de cette maladie ont une seule priorité : participer au bien des malades et au cantonnement de l'épidémie. Plus sollicités à propos de cette maladie qu'ils ne l'ont jamais été pour toute autre, les anthropologues ont eux aussi cette obligation (Benoist 1996:5).

Cette obligation touche à la principale difficulté à laquelle la contribution des sciences sociales au développement fait face depuis leur autonomisation comme champ de connaissance sur l'homme, à savoir déconstruire / reconsidérer l'opposition entre engagement et distanciation (Elias 1993) sur laquelle elles ont fait leur lit. La contribution du sociologue allemand Elias à ce sujet est instructive à plus d'un titre. Pour les besoins de clarté dans la suite du texte, la présentation de cette contribution, ne ce serait-ce que brève, paraît nécessaire. Pour Elias (1993:11) , engagement et distanciation ne sont pas deux pôles de conduites opposés, ils traduisent les extrémités d'un même continuum ; il poursuit que c'est ce dernier, le pôle de la distanciation, « qui constitue le véritable problème » (Elias1993:11). Mais il ne s'agit pas d'un problème sans solution parce que les deux pôles sont liés par une relation d'interdépendance fonctionnelle en ce sens que l'engagement des spécialistes des sciences sociales « conditionne...leur intelligence des problèmes qu'ils ont à résoudre en leur qualité de scientifiques » (Elias 1993:29). Mais ceci demande que l'on fasse montre d'une vigilance épistémologique (Grawitz) ou, pour le dire autrement, que l'on exerce un contrôle réflexif critique sur sa fréquentation des deux sites. Le principal intérêt de la contribution de Elias (1993:25) ici c'est de permettre aux spécialistes en sciences sociales d'articuler la réponse à « La pression exercée par les problèmes sociaux à courte échéance qui ne peuvent plus se résoudre de manière traditionnelle et dont la solution requiert un détour par la distanciation » et le contrôle réflexif critique sur sa propre démarche et le savoir produit.

C'est à cette solution éliasienne que les travaux anthropologiques sur le sida en Afrique font échos. Fassin (1996:11) a dégagé pour nous les trois principales approches à l'œuvre dans l'anthropologie du sida en Afrique :

• La première position réalise la conjonction d'une proximité à la fois par rapport à l'action et par rapport à l'analyse : on la qualifiera d'appliquée. Elle se met au service de la lutte contre le sida et adhère aux principes d'analyse de la médecine. La justification qu'elle se donne est l'amélioration de la santé publique par la connaissance de représentations et de pratiques autour du sida et de ce qui lui est indiqué comme relevant de conduites à risque.

• La seconde position en est le symétrique dans la mesure où elle prend ses distances à la fois en termes d'action et d'analyse : on l'appellera critique. Elle n'est pas indifférente pour autant à la lutte contre le sida, mais, d'une part, elle met en question les bases interprétatives sur lesquelles se fonde cette dernière et, d'autre part, ne participe pas concrètement à l'élaboration de programmes.

• La troisième position se présente comme l'association d'une proximité de l'action et d'une distance dans l'analyse: on la désignera comme impliquée. Elle s'efforce d'intervenir directement dans les problèmes liés à la maladie, tant au niveau des soins que de la prévention, sans pour autant adhérer aux présupposés des professionnels et des responsables vis-à-vis desquels sont adoptées des attitudes plus ou moins distanciées.

Ces trois approches du réel dans le champ de l'intelligence du sida apportent la preuve que l'étude des questions du moment n'enlève rien à la pertinence d'un travail mené avec sérieux et auto-contrôle. Elles montrent également que l'intérêt porté aux questions du moment permet de contribuer sensiblement à la résolution des problèmes quotidiens qui pressent ; la pratique est l'objet d'un ajustement constant du fait de la contribution que la recherche apporte à sa meilleure connaissance. Si le fait d'arriver après coup peut garantir une plus grande distanciation à l'objet et peut-être de meilleures analyses, il ne saurait justifier la démission face aux problèmes pressants que pose le quotidien sans paraître verser dans la politique de l'autruche. C'est dire que le développement des sciences sociales et celui de l'Afrique invitent à rompre avec une pratique de la recherche qui a, jusqu'ici, voulu que l'on ne s'intéresse à une réalité qu'une fois inscrite dans l'histoire. Une approche fondée sur la participation distanciée à l'intelligence et à la résolution des problèmes du moment s'avère pertinente et souhaitable. Ceci apparaît d'autant plus pertinent que l'on sait que le social est par essence dynamique et imprévisible (Balandier 1981) et, partant, difficile à enfermer dans des modèles bâtis à partir d'autres dynamiques sociales. Il ne s'agit pas de soutenir ici que les études diachroniques n'apportent rien à l'amélioration des conditions de vie des populations ou à l'intelligence du réel, mais de montrer les limites et les conséquences d'une approche fondée exclusivement sur la diachronie sans tenir compte de la quotidienneté des Africains.

L'évolution de cette anthropologie du sida en Afrique est porteuse d'autres leçons. Ces dernières sont liées à l'origine des chercheurs actifs dans ce champ d'étude. Cela introduit la discussion dans les exigences de la distanciation. Les erreurs des débuts, on l'a vu, sont une conséquence d'une pratique scientifique sans test préalable de l'applicabilité des catégories d'observation et d'analyse importées dans le contexte africain. Cela suggère que le fait de ne pas être ressortissant de son terrain ne garantisse nullement la qualité des résultats de la recherche. D'où l'importance de l'implication des chercheurs africains ; mais des chercheurs rompus dans l'art du dévoilement des secrets des rites quotidiens et des symboles socioculturels locaux. Car, s'il est vrai que cette implication est souhaitable et peut être probante, il est moins réel de penser que la familiarité avec l'objet d'étude constitue un gage de compétence pour mieux le saisir que l'africaniste débarqué d'une autre aire culturelle. Le raffinement du regard anthropologique sur le sida en Afrique n'est pas l'œuvre de chercheurs africains, mais celle des africanistes. Le développement des sciences sociales en Afrique et, partant, la pertinence de leur contribution dans la lutte contre la précarité et le décollage du continent peut aussi venir d'une pratique de la recherche privilégiant le concours des équipes mixtes composées de locaux et d'africanistes, c'est-à-dire d'acteurs familiers au cadre de l'étude et de chercheurs étrangers à celui-ci.

Cependant, suffit-il de s'appliquer à produire des connaissances pertinentes pour espérer déclencher le développement en Afrique ? Autrement dit, le dévelop- pement des sciences sociales suffit-il à lui seul pour provoquer celui de ce continent ? Cette interrogation nous renvoie à celle de l'utilisation et de la valorisation des connaissances produites dans ce domaine.

L'impératif de l'utilisation des sciences sociales en question

Intelligentsia et société : l'exigence de la connexion

Quand nous parlons des intellectuels ici, ce n'est pas pour parler de l'intellectuel africain dans son sens le plus large. Nous limitons notre propos aux spécialistes des sciences sociales, c'est-à-dire aux sociologues, anthropologues, juristes, politologues, économistes, etc. Le lecteur aura une impression de répétition ; mais il s'agit moins d'une redite que de l'ambition de démontrer que parmi les conditions de faisabilité de l'hypothèse du *twin developed* se trouve l'exigence de l'émergence d'une intelligentsia responsable et consciente des enjeux du moment et de ses obligations vis-à-vis de la société. Ce n'est donc plus la question de la compétence scientifique des chercheurs africains qui mobilise l'analyse ici, mais plutôt leur capacité à se mettre à l'écoute des populations qu'ils sont censés étudier.

L'hypothèse ainsi envisagée est : l'intellectuel a une responsabilité, l'une des plus importantes, sur la marche de l'histoire et de la cité. Quand Platon suggérait que le philosophe devienne roi, c'est de cette responsabilité qu'il voulait parler. Pour l'auteur de *La République*, le philosophe—entendez l'intellectuel—doit être responsable de la gestion de la cité parce que, grâce à la compétence qu'il a d'accéder au monde intelligible, il est le seul à pouvoir pratiquer le Bien entendu comme le beau, le juste et le vrai (Châtelet 1965). La pratique du Bien constitue chez Platon la condition *sine qua non* pour arriver à diriger avec justesse et justice la cité : « tout adviendra pour le mieux dans la cité si celui qui connaît le Bien , le philosophe, est roi », pense t-il (Auroux et Weil 1991:383).

Ce rôle que Platon reconnaît à l'intellectuel ne va pas de soi, notamment pour l'analyse marxiste. Pour Gramsci (1983) par exemple, les intellectuels sont les « fonctionnaires des super-structures », c'est-à-dire des techniciens au service du groupe dominant et leur rôle dans la gestion de la cité ne saurait être direct dans la mesure où il est médiatisé par ces institutions dont ils sont les intellectuels organiques. La responsabilité qui est attribuée à l'intellectuel ici c'est « d'or- ganiser l'hégémonie sociale et la domination d'État » (Ramsis Farah 1994:290) et de les légitimer à travers la production et la reproduction des connaissances (Poulantzas 1980:5). Dans cette perspective, le rôle de l'intellectuel dans la conduite de la cité est moins managériale qu'instrumentale ou idéologique. Pour bien le remplir, il s'oppose à la société civile qui est conçue ici comme le lieu où s'exerce la domination idéologique et politique de l'État, dénomination donnée à la classe dominante (Abé 2001:230).

Cette définition du rôle de l'intellectuel est cependant difficile à accepter du fait de sa non-coïncidence avec ce qui s'observe quotidiennement dans le champ social et surtout en raison de la déconnexion de l'intellectuel avec la société qu'elle encourage. Deux arguments peuvent être convoqués ici. Du point de vue du rapport aux groupes sociaux, l'intellectuel africain est pluriel : « les intellectuels n'appartiennent à aucune classe en particulier. Ils se retrouvent aux différents échelons du système de classes » (Ramsis Farah 1994:292) et, partant, aussi bien au service de l'État comme de la société civile. Par

ailleurs, comme le relève Sartre (1972:53), « L'ennemi le plus
direct de l'intellectuel est [ce que l'on appellerait]...le faux
intellectuel...que Nizan nommait le chien de garde, suscité par
la classe dominante pour défendre l'idéologie particulariste par
des arguments qui se prétendent rigoureux —c'est-à-dire se
présentent comme des produits des méthodes exactes ». Il est
faux parce qu'il se dispense d'exercer, la seule chose qui fait de
lui un intellectuel, son esprit critique dès lors qu'il accepte de
légitimer les pratiques des acteurs plutôt que de s'interroger
sur elles pour découvrir la vérité dont elles sont porteuses. Il
est également faux parce qu'il est déconnecté de la réalité,
notamment de tous les problèmes réels qui traversent le champ
social. Or, par essence, sa position « l'oblige à s'engager dans
tous les conflits de notre temps » (Sartre 1972:58) et les défis
auxquels la société est confrontée par le biais de la production
des connaissances. L'un des défis actuels de l'Afrique c'est la
gestion de la cité qui passe elle-même par une maîtrise des
voies et moyens menant au développement, c'est-à-dire par une
meilleure connaissance des obstacles et des perspectives.

Comme le souligne Sartre (1972:68), l'on a en effet « besoin
de connaître le monde pour le changer », le transformer ou
l'améliorer. Ce qui montre que l'intellectuel n'est pas seulement
celui qui pense, mais celui qui pense et dont les pensées ont un
poids et font autorité dans la construction du sens de la vie de
la Cité. Et c'est en raison de cette responsabilité de l'intellectuel
à l'égard de la société qu'il se doit d'aider cette dernière à se
donner des repères solides de manière « à trouver un fondement
au-delà des luttes qui déchirent les individus, au-delà de
l'ignorance qui les ballotte au gré des opinions et des
apparences, d'une incom- préhensible multiplicité d'êtres,
d'événements, de pensées et de langages » (Eboussi Boulaga
1993:27). C'est en cela que l'intellectuel a une fonction «
directive et organisa- tionnelle » (Mbata 2003:3) dans la gestion
de la cité et plus largement du sous-développement du

continent africain. Fonction qui l'oblige à se connecter à la société s'il veut arriver à réaliser ce qui va dans le sens de la trajectoire qu'elle poursuit.

Mais il semble qu'en Afrique les chercheurs en sciences sociales ont compris et perçu cette responsabilité de l'intellectuel dans la gestion des affaires de la cité à leur façon et de manière assez curieuse. Il est intéressant à ce sujet de faire une analyse comparative mettant en parallèle leurs conduites au cours de la mise en route des processus de libéralisation politique en regard des aspirations des sociétés africaines.

L'amorce de la décennie 90 a vu le temps social et politique s'accélérer à grande vitesse. Après de nombreuses années de « silence contraint » (Conac 1993:6), les populations de l'Afrique subsaharienne ont retrouvé leur esprit d'initiative, longtemps bloqué, sur le plan politique. Cette reprise d'initiative s'est traduite par une reconquête bruyante de la rue : à Yaoundé, Libreville, Niamey, Dakar et Abidjan, la colère (Monga 1994) prend la forme de mouvements sociaux de contestation de l'ordre établi et de reconquête de la dignité perdue par les peuples en actes (Bourgi 1990:63). L'on assiste alors à une ingénierie sociale qui affirme la détermination des sociétés africaines à prendre leur revanche sur l'État (Bayart 1992 ; Woods 1992) ; ce que disent ces mouvements sociaux, c'est la volonté du peuple de rompre avec « un passé politique dominé par des régimes de parti unique, fait de violence et de sang » (Galloy et Gruénais 1997:12). Ils expriment aussi le refus d'un mode de gouvernabilité basée sur la prévarication, l'affairisme, la corruption et l'arbitraire.

Mais cette militance du peuple pour une mutation politique en profondeur n'a rencontré qu'un écho négligeable de la part de l'intelligentsia, notamment celle spécialisée dans les sciences sociales. Si l'on exclut quelques cas, au demeurant isolés, d'intellectuels qui ont fait le pari du soutien à ces mouvements sociaux, le bilan des conduites de ces acteurs de la production du savoir sur les sociétés africaines contraint à reconnaître la défaite de la pensée (Finkielkraut 1987) et de ses couturiers. Avec « l'émiet- tement de l'espace politique par le multipartisme » et son corollaire, la réapparition des replis identitaires, l'on a observé le retour du corporatisme chez une catégorie de chercheurs en sciences sociales (Diouf 1993:44-5). Repli corporatiste qui a plutôt joué contre leur engagement face aux questions du moment ; ce qui a débouché sur leur retrait de la scène politique (Diouf 1993:45), c'est-à-dire sur une trahison du peuple qui attendait d'eux qu'ils soient leur éclaireur.

Une autre catégorie a préféré s'aligner du côté des dictateurs en place. Comme le relève fort opportunément Mbata (2003:20), « Il existe, en effet, de nombreux exemples individuels d'intellectuels [africains] qui ont coopéré et continuent de servir des régimes autoritaires pour satisfaire des intérêts égoïstes de survie matérielle et financière et qui ont contribué à l'avènement ou à la consolidation de l'autoritarisme en lieu et place de la démocratie ». L'exemple des politologues nigérians au service de la dictature militaire du Général Ibrahim Badamasi Babangida est encore vivant dans les esprits (Ibrahim 1997:114-17). Ils ont servi à justifier et légitimer, à chaque fois, le refus de la libéralisation politique pourtant réclamée à coup de marches populaires par le peuple nigérian. Au Cameroun, l'on connaît le rôle joué par des juristes et des politologues comme A. Kontchou Kouomegni, J. Owona, Bipoun Woum..., alors promus membres du gouvernement, pour donner au régime en place une constitution et une loi électorale taillées à la mesure de son maintien et du statu quo.

Ces exemples ne sont pas des cas isolés, de même que cette trahison des sciences sociales ne doit pas être comprise comme le seul fait de juristes et de politologues (Mbata 2003:20). Le cas de la Côte d'Ivoire l'illustre bien une situation où l'on est en présence d'une grossière instrumentalisation des sciences sociales ; sous le couvert de faire œuvre de science, on force la main à la réalité pour contribuer à la légitimation d'une idéologie particulariste. Ici, l'on a affaire à des chercheurs qui travaillent à la production de pseudo-savoirs qui sont brandis pour justifier le nettoyage ethnique du pays : c'est en prenant appui sur ces travaux dits scientifiques que les acteurs sociaux arrivent à opérer un classement dans lequel l'on a d'un côté des Ivoiriens, ceux qui le seraient de souche, et, de l'autre, des imposteurs dont l'un des parents serait originaire d'un État voisin. C'est cette valeur instrumentale qui a été attribuée à la notion d'ivoirité (la qualité d'être ivoirien). Cette dernière, qui sert visiblement à légitimer la mise à l'écart de certaines élites politiques de la course au pouvoir aujourd'hui, est une invention récente des historiens de ce pays tels que Niangon Bouah, Laurent Gbagbo ou Henriette Diabaté. La même trahison se dégage de l'examen du choix de ceux des intellectuels qui voulaient troquer leur stylo avec un poste d'élu ou de ministre : n'ayant pas vu leur projet se réaliser, certains ne se sont pas contentés de quitter les amphithéâtres ou les pistes qui mènent sur les sentiers de la recherche, ils ont pris fait et cause pour des rébellions armées comme le donne à voir l'exemple de l'ex-Zaïre où Ernest Wamba-Dia-Wamba s'est constitué en chef militaire dans les rangs de la rébellion au Sud Kivu.

L'autre figure de la trahison c'est l'intellectuel à l'étranger. Nombre de chercheurs en sciences sociales se sont, en effet, exilés de leur propre gré pour fuir les dures réalités locales, notamment à « la recherche de meilleures conditions de vie » (Tapsoba 2000:30), abandonnant ainsi le peuple à son sort dans les champs de combat pour l'avènement et l'instauration d'un État de droit de type démocratique. Nous ne voulons pas méconnaître ici le travail réalisé par certains intellectuels pour l'instauration de la démocratie dans le continent, parfois au prix de leurs vies. L'idée défendue c'est que cette catégorie constitue une portion négligeable quand on la compare avec l'autre, celle qui démissionne. De même que nous ne nions pas que certains intellectuels soient partis du bercail pour échapper aux foudres des structures de fabrication autoritaire de l'ordre et de la discipline au sein du corps social. Il est question de mettre en lumière la catégorie qui a préféré l'exil au combat ne serait-ce que dans les amphithéâtres auprès des étudiants, alors que ceux-ci s'apprêtaient à entrer en collusion avec les régimes autoritaires en vue de contribuer à l'avènement d'un État de droit de type démocratique.

Étant entendu que la démocratie apparaît aujourd'hui comme l'une des issues de sortie pertinentes pour le développement de l'Afrique (Mappa 1995), cette déconnexion entre l'intelligentsia africaine et la société s'appréhende comme un obstacle au décollage du continent. D'où « L'impératif de rompre avec l'isolement qui a toujours été le lot des enseignants et des chercheurs en Afrique, isolement social, dans le rapport à la société » (Diouf 1993:47). L'une des contraintes majeures à laquelle le projet de développement de l'Afrique à partir de celui des sciences sociales fait face est celle liée à l'utilisation ou à la valorisation des résultats de la recherche effectuée dans ce domaine.

Développer par les sciences sociales

Si la déconnexion dont nous venons de parler est apparue visiblement comme le fait des spécialistes de sciences sociales, il serait difficile de se limiter à ce constat sans paraître partiel et quelque peu partisan. En effet, le fait que certains de leurs praticiens les instrumentalisent pour trahir les acteurs sociaux en tordant le cou à leurs aspirations légitimes ne doit pas nous faire perdre de vue la marginalisation dont elles sont l'objet. Marginalisation de la part de leurs utilisateurs nationaux comme inter- nationaux.

Sur le plan national, cette marginalisation est surtout le fait des structures étatiques même si l'on ne peut s'empêcher de constater que les rapports entre spécialistes des sciences sociales et acteurs de la société civile ne sont pas toujours des meilleurs. Dans la plupart des pays africains, il est difficile de parler d'une politique de promotion ou de valorisation des sciences sociales.

Parlant du Sénégal, Coulon (1992:3) observe qu'elles sont l'objet d'une négligence relative au moment où Bierschenk et Mongbo (1995:54) remarquent que « le Bénin du point de vue de la connaissance en sciences sociales est pendant longtemps resté quasiment en friche ». Motazé (1994) fait un constat similaire dans le cas du Cameroun. Précisant davantage son propos, il relève l'écart entre les textes juridiques institutionnalisant la recherche en sciences sociales dans ce pays et la pratique de cette dernière ; il conclut au demeurant qu'« au Cameroun, la recherche en sciences sociales et ses praticiens ne sont pour le pouvoir politique que des éléphants blancs » (Motazé 1994:78). Ces trois pays sont loin d'être des exemples isolés. La même observation peut, en effet, être faite ailleurs. Ce qui montre que les États africains partagent le dédain pour la promotion des sciences sociales.

Le dédain pour ce domaine de savoir débouche sur sa marginalisation dans la conduite des affaires de la cité. La nature des rapports que ses praticiens entretiennent avec les pouvoirs, à ce sujet, est expressive à plus d'un titre. Le cas du Cameroun peut servir d'illustration ici. Comme le témoigne Motazé (1994:77), dans ce pays comme d'ailleurs dans tous les pays africains, les pouvoirs publics devraient être les premiers bénéficiaires de l'expertise des praticiens des sciences sociales, mais dans les ministères, les entreprises publiques et parapubliques,

> le sociologue ou l'anthropologue est perçu de conflictuellement par les technobureaucrates. Cette perception conflictuelle trouve son explication dans le fait que ces derniers ne voient

en ce que font les chercheurs qu'une simple spéculation et prétextent (sic) même mieux connaître qu'eux. Il y va ici de la perception même que ces technobureaucrates ont de la recherche : un travail inutile, puisque pour eux, tout le monde peut le réaliser.

Il ressort de ce qui précède que l'expertise des chercheurs en sciences sociales est négligée par les pouvoirs publics ou, pour le dire autrement, elle n'est pas utilisée du fait du préjugé défavorable dont elle jouit, concernant aussi bien son utilisation que celle des résultats de ses investigations. Les chercheurs connaissent plusieurs problèmes dont le premier est lié à la publication de leurs travaux (Motazé 1994:76). À cette difficulté de publication, il convient d'associer la question cruciale de la diffusion limitée en Afrique des travaux scientifiques : il est plus aisé d'acquérir des ouvrages édités aux USA, en France ou aux Pays-bas que ceux produits par des compatriotes vivant dans la même ville ; l'accès est aussi problématique pour les revues et ouvrages de sciences sociales édités localement.

Ce défaut de valorisation du savoir produit dans les sciences sociales a également un visage social. Les acteurs de la société civile à l'instar des organisations non gouvernementales viennent souvent discuter aux praticiens le rôle de chercheurs quand ils ne sont pas obligés de s'encombrer de leur présence dans la mise en route des projets de développement.

Au niveau des organismes internationaux et des bailleurs de fonds extérieurs, la place des sciences sociales n'est guère différente. L'exemple de la GTZ (organisme qui assure la coopération technique allemande) peut être convoqué ici pour servir d'illustration et donner une idée de la situation. La marginalisation présente deux principaux visages à ce niveau : en dehors du fait que cet organisme ne dispose pas d'une politique cohérente d'utilisation et de recours aux sciences sociales, il n'a que très peu recours aux praticiens de ce domaine de savoir, sur un effectif de 2800 employés, environ 4 %

seulement sont des spécialistes en sciences sociales (Foster 1994:83).

De ce qui précède, l'on peut retenir qu'il y a « insuffisance du transfert des résultats de l'expertise » (Foster 1994:84) des sciences sociales tant au niveau national que sur le plan international. Dans ces conditions, quel que soit le niveau de pertinence de la pratique des sciences sociales en Afrique ou celui des résultats des investigations des praticiens de ces dernières, l'on ne peut arriver à mettre en route le développement de ce continent ou, pour le dire autrement, sa situation ne peut coïncider avec celle atteinte par ces disciplines. D'où l'urgence d'une synergie entre les praticiens des sciences sociales et les acteurs censés utiliser leur savoir.

En guise de conclusion : améliorer la coopération et le développement institutionnel

Dans le présent papier, nous nous sommes donné pour ambition d'apporter une réponse à la question du rapport entre les sciences sociales et le devenir de l'Afrique. Notre réflexion a été organisée en deux parties autour de l'hypothèse du *twin developed* assortie d'une réserve liée à la structuration d'un contexte propre à l'érection d'une contribution productive et rentable des sciences sociales. Dans la première partie nous avons démontré que la situation de crise multiforme que connaît l'Afrique peut être appréhendée comme la conséquence du sous-développement de la pratique des sciences sociales dans ce continent. C'est en prenant appui sur cette coïncidence de situations et sur la constante historique selon laquelle il n'y a pas de société économiquement développée sans l'apport des sciences sociales que nous avons établi que ces dernières sont nécessaires pour le devenir de l'Afrique.

Mais cela ne peut fonctionner de manière mécanique ou à la manière de Pavlov et de son chien. La deuxième articulation de notre propos a, en effet, permis d'établir que l'efficacité des sciences sociales dans cette ingénierie est conditionnée par l'émergence d'un contexte de faisabilité dont les contraintes sont à la fois d'ordre scientifique et liées à l'expérience sociale, notamment au rapport des praticiens avec leur objet d'étude et les utilisateurs de leur expertise. Au demeurant, l'émergence du contexte de faisabilité repose sur le développement réflexif de la pratique des sciences sociales en Afrique et sur celui de leur utilisation. Tout ceci doit déboucher sur l'amélioration de la coopération entre le champ de la recherche et celui des acteurs du développement. Comme le souligne Foster (1994:86)

> Cela signifie que les opérateurs de développement doivent prendre meilleure conscience du champ social et comprendre les rationalités de cette expertise. D'un autre côté, les «fournisseurs» de cette expertise sont requis de s'adapter davantage aux exigences de la pratique de développement, tout en gardant leur propre rationalité et leur sens critique.

C'est dire que les organismes engagés dans le travail de développement et de valorisation des sciences sociales en Afrique comme le CODESRIA ont encore du chemin à faire. L'exemple du CODESRIA semble unique pour l'instant en Afrique ; nul ne peut douter de son investissement et de ses potentialités en face de ce défi contemporain. Cependant, au moment où l'on parle de plus en plus de l'intégration africaine, cette institution a t-elle les moyens financiers pour se développer elle-même en créant des représentations sous-régionales qui la rapprocheraient davantage des chercheurs aussi bien que des réalités dans le continent ? Il nous semble que ce type d'institution se trouve au centre du défi contemporain que la situation anomique de l'Afrique pose aux sciences sociales aujourd'hui, c'est pourquoi nous avons voulu achever notre réflexion par une interrogation sur son avenir au moment où elle fête son trentième anniversaire.

Notes

1. Nous faisons allusion à cette notion ici parce qu'elle permet de mettre en lumière le paradoxe du village global qui met en évidence deux dynamiques apparemment contradictoires, mais en réalité articulées: la mondialisation et la recherche d'identités locales. C'est au coeur de ce paradoxe que se situe notre propos dans le cadre de cette réflexion.
2. Il ne faut pas comprendre action sociale ici dans le sens de Weber. Cette expression renvoie plutôt à l'ensemble des activités qui participent de l'entreprise de transformation et de la marche de la société par le biais de l'amélioration des conditions de vie des acteurs sociaux.
3. La routine ici provient moins de l'incompétence des chercheurs à traduire de manière discursive leur pratique que de la répétition. Le terme routinisation n'est donc pas utilisé entièrement ici dans le sens de A. Giddens même s'il s'en réclame pour apporter la lumière sur l'institutionnalisation de la thématique de l'utilité sociale des sciences comme objet d'intérêt.
4. Le lecteur pourrait aussi consulter l'inventaire réalisé par Copans (1990:396-398) sur les études africanistes, notamment celles produites par l'African Studies Association et celles publiées dans *Annual Review of Anthropology*.
5. La notion de villagisation ne renvoie pas ici à son usage courant qui indique le fait de réinstaller collectivement des populations déplacées dans des zones non encore habitées. Son utilisation ici se fait par provision pour désigner le processus de transformation du monde en un village global.
6. PVD signifie pays en voie de développement

Références

Abé, C., 2001, « L'Afrique à l'épreuve de la mondialisation », *Cahier de l'UCAC*, 6, Yaoundé.

Abé, C., 2001a, « Problématique de la société civile en Afrique : la contribution de la sociologie de l'entrecroisement des civilisations », Bastidiana, 33-34, janvier-juin.

Adarelegbé, A., 1991, « University and Administration under Military Rule», in A. O. Sanda (ed.), *Understanding Higher Educational Administration in Nigeria*, Ibadan, Fact Finders International.

Aguessy, H., 1982, « Infrastructure et politique des sciences sociales : le cas du Bénin », in Mbonigaba Mugaruka, Mutanda Ntumba et Mugaruka

Chibanguaka (éds.), *Sciences sociales en Afrique*, s. l., études du CERDAS, novembre.

Amin, S., 1985, *La déconnexion*, Paris, La Découverte, collection «Cahiers libres (413) ».

Amin, S., 1989, *La faillite du développement en Afrique et dans le tiers- monde*, Paris, L'Harmattan.

Anonyme, 2000, « Introduction générale », in Tapsoba, S. JM., *Exode des compétences et développement des capacités/Brain Drain and Capacity Building in Africa*, s.l., ECA/CRDI/OIM.

Auroux, S. et Weil, Y., 1991, *Dictionnaire des auteurs et des thèmes de la philosophie*, Paris, Hachette.

Balandier, G., 1981, *Sens et puissance*, Paris, PUF, collection, « Quadrige», 3e éd.

Balandier, G., 1981, *Sociologie actuelle de l'Afrique noire*, Paris, PUF, collection « Quadrige ».

Balandier, G., 1985, *Le détour. Pouvoir et modernité*, Paris, Fayard.

Bayart, J.-F. *et al.*, 1999, *La criminalisation de l'État en Afrique*, Bruxelles, éditions Complexes.

Bayart, J.-F., 1985, *L'État au Cameroun*, Paris, PFNSP, collection «Références ».

Bayart, J.-F., 1989, *L'État en Afrique (La politique du ventre)*, Paris, Fayard.

Bayart, J.-F., 1992, « La revanche des sociétés africaines », in J.-F. Bayart *et al.*, *La politique par le bas en Afrique noire*, Paris, Karthala, collection « Les Afriques ».

Bayart, J.-F., 1999, « L'Afrique dans le monde : une histoire d'extraversion», *Critique internationale*, 5, automne.

Benda, J., 1965, *La trahison des clercs*, Paris, J. J. Pauvert.

Benoist, J. et Desclaux, A., 1996, « Pour une anthropologie impliquée », in J. Benoist et A. Desclaux (éds.), *Anthropologie et sida. Bilan et perspectives*, Paris, Karthala.

Benoist, J., 1996, « Introduction. Le sida entre biologie, clinique et culture», in J. Benoist et A. Desclaux (éds.), *Anthropologie et sida. Bilan et perspectives*, Paris, Karthala.

Bénot, Y., 1995, *Massacres coloniaux*, Paris, La découverte.

Bibeau, G., 1996, « La spécificité de la recherche anthropologique sur le sida », in J. Benoist et A. Desclaux (éds.), *Anthropologie et sida. Bilan et perspectives*, Paris, Karthala.

Bidima, J.-G., 2000, « Le corps, la cour et l'espace public », *Politique africaine*, 77, mars, « Philosophie et politique en Afrique ».

Bierschenk, T. et Mongbo, R., « La recherche en sciences sociales au Dahomey et au Bénin depuis les années 1970 : l'hégémonie du paradigme développementiste », *Bulletin de l'APAD*, 10, « Mélanges».

Boiral, P., 1985, « Logiques de la recherche et logiques d'action », in P. Boiral, J.-F. Lanteri et J.-P. O. de Sardan, *Paysans, experts et chercheurs en Afrique. Sciences sociales et développement rural*, Paris, CIFACE/Karthala.

Bourdieu, P., 1997, *Méditations pascaliennes*, Paris, Seuil, collection «Liber».

Bourdieu, P. et J. D. L. Wacquant, 1992, *Réponses. Pour une anthropologie réflexive*, Paris, Seuil.

Bourgi, A. et Casteran, C., 1991, *Le printemps de l'Afrique*, Paris, Hachette, collection « Pluriel ».

Bourgi, A., 1990, « L'Afrique : le réveil de la démocratie », *Afrique 2000* (revue), 1, avril-juin.

Brunet-Jailly et Rougemont, A. (éd.), 1989, *La santé en pays tropicaux*, Paris, Doin.

Caillé, A., 1993, *La démission des clercs : La crise des sciences sociales et l'oubli du politique*, Paris, La Découverte.

Chanlat, J. -F., 1998, *Sciences sociales et management*, Paris, éd. Escka.

Châtelet, F., 1965, *Platon*, Paris.

Clumeck, N, Sonnet, J., Taelman, H. *et al.*, 1984, « Acquired Immunodeficiency Syndrome in African Patients », *New England Journal of Medicine*, vol. 310, 8.

Conac, G., 1993, « Introduction », in G. Conac (éd.), *L'Afrique en transition vers le pluralisme politique*, Paris, Économica.

Conac, G., 1993, « Les processus de démocratisation en Afrique », in G. Conac (éd.), *L'Afrique en transition vers le pluralisme politique*, Paris, Économica.

Copans, J., 1974, *Critiques et politiques de l'anthropologie*, Paris, F. Maspero.

Copans, J., 1990, *La longue marche de la modernité africaine*, Paris, Karthala, collection « Les Afriques ».

Copans, J., 2000, « Les sciences sociales africaines ont-elles une âme de philosophie ? ou du fosterage de la philosophie », *Politique africaine*, 77, mars, « Philosophie et politique ».

Copans, J. *et al.*, 1971, *L'anthropologie : science des sociétés primitives ?*, Paris, Denoël.

Coquery-Vidrovitch, C., 1985, *Afrique noire. Permanences et ruptures*, Paris, Payot (2e édition, Paris, l'Harmattan, 1993).

Coquery-Vidrovitch, C., 1999, *L'Afrique et les Africains au XIXe siècle, Mutations, révolutions, crises*, Paris, Armand Colin.

Coquery-Vidrovitch, C. (éd.), 1988, *Processus d'urbanisation en Afrique*, Paris, L'Harmattan.

Corcuff, Ph., 1995, *Les nouvelles sociologies*, Paris, Nathan.

Coster (de), M., 1999, *Sociologie du travail et gestion des ressources humaines*,

Bruxelles, De Boeck Université, 3e éd.

Crozier, M., 2000, *À quoi sert la sociologie des organisations*, 2 tomes, Paris, édition Seli Arslan.

Diaw, A., 1994, *Démocratisation et logiques identitaires en acte. L'invention de la politique en Afrique*, Dakar, CODESRIA, « Série de monographie 2 ».

Diouf, M., 1993, « Les intellectuels africains face à l'entreprise démocratique : entre citoyenneté et expertise », *Politique africaine*, 51, « Intellectuels africains », octobre.

Diouf, M., 1982, « Infrastructure et politique des sciences sociales au Sénégal », in Mbonigaba Mugaruka, Mutanda Ntumba et Mugaruka Chibanguaka (éds.), *Sciences sociales en Afrique*, s. l., études du CERDAS, novembre.

Diouf, M., 1998, « La société civile en Afrique : histoire et actualité. Notes provisoires », Communication, 9e Assemblée générale du CODESRIA, Dakar (Sénégal), décembre.

Dumont, R., 1962, *L'Afrique noire est mal partie*, Paris, Seuil.

Dumont , R., 1982, *L'Afrique étranglée : Zambie, Tanzanie, Sénégal, Côte d'Ivoire, Guinée Bissau, Cap Vert*, Paris, Seuil, collection « Points ».

Durkheim, E., 1986, *De la division du travail social*, Paris, PUF, collection « Quadrige ».

Drucker, P., 1990, *The New York Realities*, New York, Harper and Row Publishers.

Eboko F., 2002, « Sida, sociétés et politiques en Afrique : un nouveau défi pour la science politique », communication, séminaire méthodologique international organisé par la section camerounaise de l'AAPS, Yaoundé (Cameroun), 21-26 janvier.

Eboussi Boulaga, F., 1993, « L'intellectuel exotique », *Politique africaine*, 51, octobre.

Ekoué Amaïzo, Y., 2001, « PMA ou PFI ? Les pays faiblement industria-lisés : la globalisation par défaut », *Le courrier* ACP/UE, 186, mai-juin, «Pays les moins avancés ».

Ela, J.-M., 1990, *Quand l'État pénètre en brousse... Les ripostes paysannes à la crise*, Paris, Karthala.

Ela, J.-M., 1994, *Restituer l'histoire aux sociétés africaines. Promouvoir les sciences sociales en Afrique noire*, Paris, L'Harmattan.

Ela, J.-M., 1998, « Refus du développement ou échec de l'occidentali-sation ? Les voies de l'afro-renaissance », *Le Monde diplomatique*, octobre.

Elias, N., 1973, *La civilisation des mœurs*, Paris, Calmann Lévi.

Elias, N., 1974, *La société de cour*, Paris, Calmann Lévi.

Elias, N. : 1975, *La dynamique de l'Occident*, Paris, Calmann Lévi.

Elias, N., 1993, *Engagement et distanciation. Contributions à la sociologie de la connaissance*, Paris, Fayard, traduit de l'allemand par Michèle Hulin.

Elias, N., 1997, « Towards a Theory of Social Processes : A Translation », *The British Journal of Sociology*, vol. 48, 3, septembre.

Etounga-Manguellé, D., 1993, *L'Afrique a-t-elle besoin d'un programme d'ajustement culturel ?*, Paris, Éditions nouvelles.

Etounga-Manguellé, D., 1995, « Culture et développement : ou les conséquences d'une modernisation tardive de nos schémas sociaux », *Terroirs* (revue africaine de sciences sociales), 002, janvier.

Fall, B. (éd.), 1997, *Ajustement structurel et emploi au Sénégal*, Dakar, CODESRIA.

Fassin, D., 1990, « La démarche de la recherche », in D. Fassin et Y. Jaffré (éds.), *Sociétés, développement et santé*, Paris, Ellipses.

Fassin, D., 1995, « Du commentaire considéré comme tauromachie. À propos d'enquêtes CACP et de réseaux VIH », *Transcriptase*, 41.

Fassin, D., 1996, « L'anthropologie, entre engagement et distanciation. Essai de sociologie des recherches en sciences sociales sur le sida en Afrique », Communication, colloque international sur « Sciences sociales et sida en Afrique », Sali, Sénégal, 4-8 novembre.

Finkielkraut, A., 1987, *La défaite de la pensée*, Paris, Gallimard.

Fogui, J.-P., 1990, *L'intégration politique au Cameroun. Une analyse centre-périphérie*, Paris, LGDJ, collection « Bibliothèque africaine et malgache».

Foster, R., 1994, « L'expertise en sciences sociales et la coopération technique. Quelques réflexions sur la relation délicate lors des 3e journées de l'APAD à Bamako », *Bulletin de l'APAD*, op. cit.

Friedmann, J. et Sandercock, L., 1995, « Les dépossédés », *Le Courrier de l'UNESCO*, mars, « Le développement pour qui ? ».

Giddens, A., 1987, *La constitution de la société*, Paris, PUF, collection « Sociologies », traduit de l'anglais par M. Audet, 2e éd.

Giri, J., 1985, *L'Afrique en panne*, Paris, Karthala.

Gramsci, A., 1983, *Selections from the Prison Notebooks*, New York, International Publishers, 7e impression.

Grawitz, M., 2001, *Méthodes des sciences sociales*, Paris, Dalloz, collections « Précis Dalloz », 11e édition.

Grignon, C., 2002, « Sociologie, expertise et critique sociale », in Lahire, B. (éd.), *À quoi sert la sociologie ?*, Paris, La Découverte, collection « Textes à l'appui / laboratoire de sciences sociales ».

Guillaume, H., 1998, *La technologie et l'innovation*, Paris, La documentation française.

Hugon, Ph., 1993, « Les effets des politiques d'ajustement sur les structures politiques africaines », in G. Conac (éd.), *L'Afrique en transition vers le pluralisme politique*, Paris, Économica.

Hugon, Ph., 2000, « Prospective de l'Afrique subsaharienne », *Futuribles*, 257, octobre.

Ibrahim, J., 1997, « Political Scientists and Subversion of Democracy in Africa », in Nzongola-Ntalaja, G. and Lee, M. (eds.) : *The State and Democracy in Africa*, Harare, AAPS Books.

Jackson, W., 2000, « Mondialisation, exode des compétences et développement des capacités », in Tapsoba, S. JM., *Exode des compétences et développement des capacités/Brain Drain and Capacity Building in Africa*, s.l., ECA/CRDI/OIM.

Jaffré, Y. et. De Sardan, J.-P. O (dir.), 1999, *La construction sociale des maladies*, Paris, PUF, collection « Les champs de la santé ».

Kabou, A., 1991, *Et si l'Afrique refusait le développement?*, Paris, L'Harmattan.

Kamto, M., 1987, *Pouvoir et droit en Afrique noire*, Paris, LGDJ, collection « Bibliothèque africaine et malgache ».

Ki-Zerbo, J., 1992, « Le développement clés en tête », in J. Ki-Zerbo (éd.), *La natte des autres. Pour un développement endogène en Afrique*, Dakar, CODESRIA.

Kobou, G., 1999, « Ajustement structurel et exclusion sociale : une analyse fondée sur le marché du travail », in L. Sindjoun (éd.) : *La révolution passive au Cameroun. État, société et changement*, Dakar, CODESRIA.

Kom, A., 1993, « Intellectuels africains et enjeux de la démocratie : misère, répression et exil », *Politique africaine*, 51, octobre.

Lahire, B., 2002, « Utilité : entre sociologie expérimentale et sociologie sociale », in Lahire, B. (éd.), *À quoi sert la sociologie ?*, Paris, La Découverte, collection « Textes à l'appui / laboratoire de sciences sociales ».

L'homme et la société (revue) : 1999, « Politiques des sciences sociales », n°1, L'Harmattan.

Le Pensec, L. (éd.), 1988, *Vingt questions sur l'Afrique : des socialistes répondent*, Paris, L'Harmattan.

Leymarie, Ph., 1994, « La Somalie, nation éclatée », *Manière de voir*, 21, février, « Le désordre des nations ».

Loovoet, B., 1996, « Guinée : Les tentations du passé. Éléments d'analyse de la scène politique », *L'Afrique politique*, Paris, Karthala.

Mahieu, R., 1990, *Les fondements de la crise économique en Afrique*, Paris, l'Harmattan.

Mamdani, M., 1994, « L'intelligentsia, l'État et les mouvements sociaux en Afrique », in M. Diouf et M. Mamdani (éds), *Liberté académique en Afrique*, Dakar, CODESRIA.

Mappa, S.(éd.), 1995, *Développer par la démocratie ? L'Afrique subsaharienne sous les injonctions occidentales*, Paris, Karthala / forum de Delphes.

Mbata B. M. A., 2003, « Contribution des intellectuels congolais au mouve-
    ment nationaliste, à la lutte pour l'indépendance et la démocratie au
    Congo-Kinshasa », Communication à la conférence continentale du 30e
    anniversaire du CODESRIA, Dakar, 10-12 déc.
Mbembe, A., 1985, *Les jeunes et l'ordre politique en Afrique*, Paris, L'Harmat-
    tan.
Mbembe, A., 1999, *Du gouvernement privé indirect*, Dakar, CODESRIA.
Mbembe, A., 2000, *De la postcolonie*, Paris, Karthala.
Mbonigaba Mugaruka *et al.* (éds.), 1982, *Sciences sociales en Afrique*, s. l.,
    études du CERDAS, novembre.
Médard, J.-F., 1983, « La spécificité des pouvoirs africains », *Pouvoirs*, 25, «
    Pouvoirs africains ».
Médard, J.-F., 1986, « Public Corruption in Africa : A comparative Perspec-
    tive », *Corruption and Reform*, vol. 1, 2.
Médard, J.-F., 1994, « Politics from above, Politics from below », Communi-
    cation on The NFU Conference: State and Locality, Oslo, June 18-20.
Médard, J.-F., 1998, « La crise de l'État néo-patrimonial et l'évolution de la
    corruption en Afrique subsaharienne », *Mondes en développement*, t. 26,
    102.
Monga, C., 1994, *Anthropologie de la colère : société civile et démocratisation
    en Afrique*, Paris, l'Harmattan.
Motazé, Akam, 1994, « Le marché de l'expertise et la place du socio-anthro-
    pologue : le chercheur en sciences sociales en Afrique », *Bulletin de l'APAD*,
    7, juillet, « Les sciences sociales et l'expertise en développement ».
Ndoumbé-Manga, S. et Atem Endaman, 1982, « Infrastructures et politiques
    des sciences sociales au Cameroun », in Mbonigaba Mugaruka, Mutanda
    Ntumba et Mugaruka Chibanguaka (éds.), *Sciences sociales en Afrique*, s.
    l., études du CERDAS, novembre.
Nnoli, O., 1993, *Deadend to Nigerian Development. An Investigation on the
    social economic and political Crisis*, Dakar, CODESRIA.
Northoff, E., 1993, « La crise africaine et l'impact des sciences et des techno-
    logies », in *Le courrier ACP/CE*, 139, mai-juin, « Les facteurs du dévelop-
    pement ».
OCDE, 1986, *La politique d'innovation en France*, Paris, OCDE.
Ochwada, H., 1994, « Les intellectuels au Kenya et les crises des études afri-
    caines », *Bulletin du CODESRIA*, 4.
Onitri, H. M. A., 1990, « Le développement de l'Afrique dans les années
    1990 : des perspectives pour une décennie d'espoir », *Afrique 2000*.
Packard, R. M. et Epstein, P., 1991, « Epidemiologists, social scientists and
    the Structure of medical Research on AIDS in Africa », *Social science and
    Medicine*, Fall 33, 7.

Paillard, B., 1996, « Le mythe de la civilisation sidatogène », in J. Benoist et A. Desclaux (éds.), *Anthropologie et sida. Bilan et perspectives*, Paris, Karthala.

Poulantzas, N., 1980, State Power Socialism, London, Verso.

Prunier, G., « Rwanda : histoire vraie de fausses ethnies », in H. Le lièvre (éd.), *Demain l'Afrique : le cauchemar ou l'espoir*, Bruxelles, Édition Complexes, collection « interventions ».

Ramsis Farah, N., 1994, « Société civile et liberté de recherche en Égypte», in M. Diouf et M. Mamdani (éds), *Liberté académique en Afrique*, Dakar, CODESRIA.

Requier-Desjardins, D., 1972, *Le Congo au temps des grandes compagnies concessionnaires, 1899-1930*, Paris-La Haye, Mouton.

Scarrit, J.-R. and Mozzafar, S., 1999, « The Specification of ethnic Cleavages and ethnopolitical Groups for Analysis of Democratic Competition in Contemporary Africa », *Nationalism and ethnic Politics*, vol. 5, 1, Springs.

Serwada, S., Mugerwa R. D., Sewankambo, N. *et al.*, 1985, « Slim Disease: A New Disease in Uganda and Its Association with HTLV-III infection», *Lancet*, ii.

Simon, P.-J., 1999, « Sociologie et réforme sociale », *Sciences humaines* (revue), 25, juin-juillet, « À quoi servent les sciences humaines ».

Sindjoun, L., 1999, *Science politique réflexive et savoirs sur les pratiques politiques en Afrique noire*, Dakar, CODESRIA, « Série état de la littérature 2 ».

Sindzingre, N., 1983, « L'interprétation de l'infortune : un itinéraire senufo (Côte-d'Ivoire) », *Sciences sociales et santé*, vol. I, 3-4.

Tessy D. Bakary, 1992, *L'État en Côte d'Ivoire. Entre dépendance et autonomie relative*, Université de Laval, Laboratoire d'études politiques et administratives, juin.

Tshikala, K. Biaya, 2000, *Les jeunes, la violence et la rue à Kinshasa. Entendre, comprendre, décrire*, Dakar, CODESRIA, « Série nouvelles pistes ».

Weber, M., 1959, *Le savant et le politique*, Paris, Plon.

Wieviorka, M.(dir.), 1998, *Raison et conviction : l'engagement*, Paris, Textuel.

Wieviorka, M., 2000, « Sociologie postclassique ou déclin de la sociologie?», *Cahiers internationaux de sociologie*, vol. CVIII, janvier-juin, « Sociologies inactuelles, sociologies actuelles ? ».

Woods, D., 1992, « Civil Society in Europe and Africa : Limiting State Power through Public Sphere », *African Studies Review*, vol. 35, 2, September.

Les sciences sociales sont-elles nécessaires au futur de l'Afrique ? Nos promesses doivent être tenues

Mildred Kiconco Barya

Introduction

Le présent essai a pour objet de débattre de la nécessité des sciences sociales pour le futur, à travers l'outil de la science du comportement qui fait partie intégrante de la psychologie sociale. Il se propose d'intégrer des concepts, théories, et résultats d'études empiriques des diverses disciplines de l'anthropologie culturelle, de l'économie, des sciences politiques, de la sociologie, du travail social et de l'assistance sociale, en vue de comprendre, prévoir et orienter le changement. L'approche comportementaliste explore et reflète en détail notre connaissance des débats théoriques et de politique, dont l'impact dépend de la façon dont la recherche en sciences sociales est utilisée en vue de la création du futur que nous voulons pour l'Afrique.

Étude contextuelle des sciences sociales : une nécessité pour le futur de l'Afrique

Il y a trois types de futurs : le possible, le probable, et le préféré. Selon le Rapport 2003 de la Banque mondiale, 2,8 milliards de personnes, soit plus de la moitié des habitants des pays en développement, vivent avec moins de 2 dollars par jour ; 1,2 milliard vivent dans la misère et gagnent moins d'un dollar par jour. Près de 840 millions de personnes ont faim et 40 millions vivent avec le VIH/sida, et l'Afrique est la partie du monde la plus affectée, avec, selon les estimations, 23 millions de personnes infectées. Rien qu'en Ouganda, les pauvres constituent 35 pour cent de la population, près de 50 pour cent manquent d'eau potable, plus d'un million vivent avec le VIH/sida, il y a deux millions d'orphelins du sida, 134 enfants sur 1000 qui naissent ne célèbrent pas leur cinquième anniversaire, et plus de 1,2 million de personnes sont déplacées à cause du conflit qui ravage la région nord du pays depuis dix-sept ans.

En vue de changer la situation, la Banque mondiale s'investit financièrement pour atteindre les objectifs de développement du millénaire : éradication de la pauvreté extrême et de la faim, éducation primaire universelle, promotion de l'égalité des genres et renforcement des capacités des femmes, réduction des taux de mortalité infantile, amélioration de la santé maternelle, lutte contre le VIH/sida, le paludisme et autres maladies, durabilité de l'environnement et développement d'un partenariat global pour le développement d'ici 2015.

Pour utiliser un outil de changement des comportements qui fait partie intégrante des théories de sciences sociales, en particulier la psychologie sociale, la réalisation des objectifs exige une rectification des politiques, sur la base d'une compréhension parfaite des comportements, de l'orientation, des motivations, des tendances qui forment leurs valeurs, et des perceptions qui façonnent leurs actions. Il faut pour cela fixer de nouveaux objectifs ; mettre l'accent sur les points les plus stimulants de l'Afrique, plutôt que sur les évènements négatifs, parce que, l'intérêt que nous portons aux choses les renforce. Le FMI admet son échec en Afrique.

On a fait l'impasse sur la contribution des sciences sociales à l'étude du futur car les spécialistes des sciences sociales ne sont pas essentiellement formés et légitimés pour faire de la recherche appliquée, contrairement aux spécialistes des sciences de la nature à qui la société a délivré une licence pour leurs modèles durables de changement. Les approches comportementalistes contribuent à l'intégration de la recherche fondamentale et de la recherche appliquée en sciences sociales, ce qui permet d'évoluer d'une position purement théorique et descriptive à une attitude plus prescriptive concernant le futur.

Ignorer l'importance des concepts comportementalistes et de la nécessité de rectifier les politiques nous exposera à subir de mauvaises politiques, des frustrations, des échecs dans la réalisation des objectifs, ce qui fera de nous des otages et des mendiants perpétuels, au lieu de créateurs d'un futur qui constitue la promesse de l'Afrique.

Les politiques et programmes destinés à introduire des changements et améliorer la qualité de vie en Afrique ne sont pas à même de renforcer les capacités des communautés en matière de compréhension adéquate des comportements et forces des populations, tirée de la connaissance des théories des sciences sociales. La conséquence en est une mauvaise interprétation des politiques, des distorsions, la focalisation sur les actions négatives, l'écroulement des valeurs africaines et l'échec dans la création du futur que nous désirons.

Le présent essai a pour objectif de démontrer que des approches comportementalistes enracinées dans la théorie et la recherche en sciences sociales fournissent un cadre permettant de formuler des objectifs de politiques, sur la base de la compréhension de l'orientation, des valeurs, et des besoins/motivations des populations afin de parvenir au renforcement des capacités et à la mise en œuvre d'une appropriation qui facilite les actions positives et conduit à la réalisation des objectifs (futur désiré).

Discussion

Orientation

Le comportement est fondamentalement orienté vers un objectif. Pour que les gens réussissent à faire des choses différentes de ce qu'ils faisaient auparavant, il faut qu'ils changent de comportement. La plupart des politiques visant à améliorer une situation donnée ont recours à l'approche comptable. L'approche comptable identifie directement qui paie quoi et qui reçoit de quoi, pour l'estimation de l'impact d'une politique donnée. Il est possible d'obtenir les chiffres réels de ceux qui bénéficient des résultats immédiats, à partir d'analyses quantitatives dans le cadre d'évaluations.

Par exemple, les écoles et programmes appuyés par le Haut commissariat des Nations Unies pour les réfugiés (HCR) indiquent que 9223 enfants ont été inscrits au préscolaire, 52 620 au primaire, 5380 au secondaire, 377 dans l'enseignement professionnel formel, 314 dans les écoles normales et 71 à l'université. Jusqu'en juin 2002, le HCR a également apporté son assistance à 1074 personnes à travers ses programmes d'alphabétisation, appuyé 85 écoles primaires de réfugiés, 1175 enseignants du primaire, 118 enseignants du secondaire, et a mis l'accent sur le renforcement des capacités de 34 écoles secondaires nationales en Ouganda.

Utilisée isolément, l'approche comptable est limitée, car elle se contente de dresser la liste de ceux qui bénéficient du programme, et qui jugent de son impact direct. Cependant, une approche comportementaliste établit la valeur réelle d'un service public gratuit en observant les effets indirects d'une politique. Par exemple, lorsqu'il y a l'éducation primaire universelle, les parents peuvent décider d'envoyer leurs enfants à l'école pour profiter du déjeuner gratuit à l'école.

En outre, la gratuité de l'enseignement public dans un village a plus de sens pour un foyer qui auparavant envoyait ses enfants à une école située à 10 kilomètres du village, que pour un foyer dont les enfants n'étaient même pas inscrits à l'école. Les dépenses publiques ne peuvent réduire la pauvreté que lorsque les politiques sont élaborées de manière adéquate. Il n'est pas rentable d'accroître les dépenses en matière d'éducation primaire pour les filles si les ségrégations dans le marché du travail empêchent toujours les filles diplômées de trouver un emploi.

Par exemple, l'objectif de l'Ouganda d'éliminer les inégalités entre les genres au niveau de l'éducation secondaire est toujours défavorable aux filles (55:45 en faveur des garçons). Des facteurs tels qu'une mauvaise hygiène publique, des préjugés sociaux et culturels empêchent la réalisation de cet objectif.

Il est futile d'accroître les dépenses en matière de développement ou de recherche agricole alors que des taux d'échanges surévalués privent l'activité agricole de toute rentabilité. Des dépenses pro-pauvres doivent s'accompagner de politiques pro-pauvres, ce qui n'est pas le cas actuellement. On ne saurait recommander de se contenter de dépenser de l'argent pour la fourniture d'un service sans s'interroger sur l'efficacité avec laquelle cette dépense génère le service, ainsi que l'impact direct et indirect sur les bénéficiaires éventuels (Filmer, Hammer, et Pritchett 1998).

De mauvais indicateurs, tels que l'accroissement de la production, peuvent être considérés comme des signes de réussite de la mise en œuvre d'une politique, alors qu'aux taux du marché d'exportation l'échange ne profite pas au paysan. Un de ces faux indicateurs est « l'amélioration de la vie des paysans » à qui on a enseigné de nouvelles techniques agricoles qui ont mené à un accroissement dramatique de la production. Mais ils se rendent compte qu'à cause du libéralisme le pays importe les « mêmes » produits, ce qui entraîne la baisse des prix et la fluctuation des produits locaux, et par conséquent des pertes pour les paysans qui deviennent plus pauvres qu'auparavant, alors que lors de l'évaluation des politiques on se félicite de l'amélioration des services agricoles.

En l'an 2000, des enquêtes ont montré qu'en Ouganda plus de 90 pour cent du financement prévu pour les écoles est arrivé dans ces écoles, et qu'il y a eu une amélioration des procédures de paiement et de l'échange d'information avec les divers acteurs de l'éducation. La suppression des frais de scolarité pour les écoles primaires dans le cadre de la politique gouvernementale de l'École primaire universelle (EPU) a fait grimper les chiffres des effectifs scolaires de 3,4 millions en 1996 à 7,3 millions en 2002. Il s'agit là d'un indicateur de réussite hâtivement concocté et faux puisqu'il ne va pas jusqu'à étudier les « mêmes » élèves qui deviennent frustrés après obtention de leur diplôme, lorsqu'ils se rendent compte qu'ils ne peuvent trouver d'emploi nulle part et que leurs pairs qui n'ont pas beaucoup étudié connaissent apparemment une meilleure réussite pour ce qui concerne la réalisation de leurs objectifs.

En outre, le taux élevé de croissance démographique n'a pas eu pour conséquence une amélioration proportionnelle du rapport élève/enseignant. L'objectif du gouvernement est d'atteindre un taux de scolarité de 100 pour cent à l'école primaire d'ici 2015, mais les rapports nationaux sur l'Ouganda indiquent que la qualité de l'enseignement pourrait être sacrifiée par rapport à la quantité. L'accumulation et l'acquisition de capital humain plutôt que de ressources humaines ne sauraient être interprétées comme étant du développement si les gens plus instruits ne peuvent pas trouver de possibilités de mise en œuvre et d'échange de leurs connaissances.

En outre, certains des défauts des objectifs de développement du millénaire ne sont rien d'autre que le résultat de mauvaises politiques. Ces politiques se focalisent sur l'aspect négatif, et la conséquence en est que le négatif est magnifié au lieu d'être vaincu. Il n'existe pas en Afrique de politique qui se concentre sur l'utilisation de la richesse de la nation, par exemple nos ressources humaines, et d'autres domaines dans lesquels nous pouvons être encouragés à exceller. Il est vrai que la focalisation sur les aspects négatifs et les faiblesses de l'Afrique paralyse l'espoir, au lieu de fournir la motivation nécessaire en vue du changement.

Il n'est donc pas étonnant qu'à la fin de 1998 les chiffres de l'ONUSIDA indiquaient que plus de 34 millions de personnes étaient infectées par le virus du SIDA au niveau mondial, avec un accroissement des statistiques par rapport aux précédentes. Au début, l'épicentre de l'épidémie se situait dans la région inter-lacustre de l'Afrique centrale et en Afrique orientale. Il semble maintenant que les niveaux les plus élevés d'infection par le VIH se situent dans les parties australes et occidentales du continent : Botswana, Malawi, Afrique du Sud, Zambie, Zimbabwe, Côte d'Ivoire, Ghana et Nigeria.

Par exemple, dans un centre urbain du Botswana, les femmes enceintes ont des taux de prévalence du VIH de 48 pour cent. Certains sites de surveillance du Zimbabwe ont donné des taux entre 20 et 50 pour cent chez les femmes enceintes soumises à un test anonyme. En Afrique du Sud, on estime que 3,6 millions de personnes vivent actuellement avec le VIH/sida.

Ces statistiques peignent un tableau effrayant du futur de l'Afrique. La famille étendue, qui était auparavant considérée comme essentiellement africaine, a pratiquement cessé de jouer le rôle de filet de sécurité pour les parents. L'espérance de vie a basculé à des niveaux jamais atteints auparavant. Au Botswana, des projections indiquent qu'avec 25 pour cent de la population adulte infectée par le VIH/sida, l'espérance de vie des enfants sera d'à peu près 41 d'ici l'an 2005. Des projections montrent également que des taux de prévalence de 10 pour cent vont faire chuter l'espérance de vie de 17 ans.

Dans le cadre des objectifs de développement du millénaire qui consiste à l'éradication de la pauvreté et de la faim extrême d'ici 2017, entre 1997 et 2000 les niveaux de pauvreté ont connu une hausse de 60 à 66 pour cent en Ouganda, alors que les conflits qui se poursuivent dans les régions nord continuent à saper les avancées dans d'autres domaines, avec une estimation de 1,2 million de personnes déplacées du fait des activités des rebelles dans ces régions.

L'objectif est la réduction de la mortalité infantile de deux tiers chez les enfants de moins de cinq ans d'ici 2015, mais c'est plutôt un accroissement du taux qui est rapporté. Entre 1995 et 2000, les taux de mortalité infantile ont grimpé de 81 à 88 pour 1000 naissances vivantes, sapant ainsi l'objectif gouvernemental de réduction de ce taux à 78 pour 1000 naissances en 2002.

Nous pouvons modifier ces scénarios du futur auxquels la plupart des pays africains font face aujourd'hui, en procédant à une redéfinition de nos objectifs afin d'accentuer nos forces ainsi que notre engagement politique en direction du changement. Illustrons cette situation avec un exemple scolaire : des élèves à qui on répète constamment que leurs notes de mathématiques sont mauvaises et doivent être améliorées peuvent finir par être démoralisés et échouer dans d'autres matières, car le maître exagère la situation en mathématiques. D'autre part, si le maître met l'accent sur les autres aspects où l'élève excelle, il peut compenser les faiblesses en mathématiques, et même encourager l'élève avec des perspectives plus brillantes en vue de modifier son comportement. Lorsque les politiques et la définition des objectifs sont bonnes, cette orientation conduit à bien produire les valeurs et la motivation.

Produire les valeurs

La production des valeurs est une conséquence de l'orientation. Les valeurs viennent de la compréhension de qui nous sommes et ce que nous représentons, ce qui informe nos attitudes face aux problèmes qui nous concernent. Selon des études récentes de la société civile, des ONG et des idéologies, les problèmes de valeurs et de philosophie de la vie ne semblent pas revêtir d'intérêt pour la majorité des personnes interrogées. Il s'agit là d'une situation grave. Comment façonner et défendre un modèle alternatif de développement si on ne s'entend pas sur ces attributs?

Examinant le futur avec les yeux de la science politique, la recherche sur l'Afrique se focalise depuis longtemps sur le syndrome de l'échec de l'État en Afrique. Les systèmes et valeurs étatiques africains ont été copiés sur des valeurs et modèles occidentaux qui n'étaient ni politiquement, ni culturellement, ni socialement enracinés en Afrique. Ces systèmes et valeurs ne correspondaient ni à la tradition africaine, ni aux opinions africaines sur la modernité dans un système mondialisé et rapidement changeant. Étant donné qu'aucun Africain ne croit sérieusement en une société sans État, la seule solution est une reconstruction de l'État prenant en compte les réalités africaines (Trefon *et al.* 2002).

En comprenant notre système de valeurs en tant qu'Africains, nous pouvons savoir comment interpréter des concepts comme la gouvernance. Selon feu Mwalimu Nyerere, la gouvernance est un concept appliqué par des donneurs d'aide à des chercheurs d'aide d'une manière arrogante et paternaliste. Il soutenait souvent que l'un des objectifs de l'amélioration de la gouvernance dans nos pays est le renforcement de l'État africain, qui lui permettrait de mieux servir les populations africaines. Comment atteindre cet objectif si nous n'utilisons pas la recherche en sciences sociales dans notre réflexion sur notre système de valeurs ? Si nous n'intégrons pas les différentes disciplines des sciences sociales dans la compréhension de notre valeur, comment prendrons-nous conscience de notre force qui nous permet de servir les populations africaines ?

L'être humain fonctionne toujours dans un contexte donné. Ce contexte est fait de symboles partagés d'une communauté, de ses traditions et de ses outils transmis de génération en génération et constituant la culture au sens large du terme. Le processus du changement n'est donc pas direct. Les experts en sciences sociales peuvent négocier et réussir les changements transformationnels, en fournissant la connaissance du rôle joué par les valeurs dans la compréhension des raisons pour lesquelles certaines recommandations faites dans le passé n'ont pas été suivies, et aussi les raisons pour lesquelles celles qui ont été adoptées comme politiques n'ont pas souvent été mises en œuvre.

Outre les valeurs des populations, nos propres attitudes concernant la valeur de la science sociale en tant que discipline, son pouvoir en tant que science appliquée et sa valeur comme base de départ pour traiter des problèmes humains, affectent la confiance avec laquelle est pratiqué le changement de comportement.

Le concept de valeurs au même niveau que la motivation conduit au renforcement des capacités.

La motivation

La motivation dépend de la puissance des motifs. Les motifs sont parfois définis comme des besoins, des désirs, des pulsions ou des impulsions à l'intérieur de l'individu. Les motifs sont dirigés vers des objectifs, qui peuvent eux-mêmes être conscients ou inconscients. Les motifs constituent donc le « pourquoi » du comportement. Ils suscitent et maintiennent l'activité et déterminent la direction générale du comportement de l'individu ou du groupe. Les motifs sont véritablement le ressort de l'action.

Toutes les politiques en vue de changer le futur de l'Afrique pour le meilleur sont motivées par des statistiques et des évènements négatifs. Il y a une énorme différence entre les deux questions suivantes : « comment augmenter la production alimentaire ? » et « comment mettre fin à la pauvreté ? ». La deuxième question ne signifie rien alors que la première constitue une motivation vers la bonne direction. Apparemment, il est difficile de travailler à la réduction de la pauvreté. Avec la forme positive donnée à la question, il est plus facile de travailler à la production de richesses ou de la richesse. « Réduire les taux de mortalité » ne veut rien dire. Mais travailler sur les facteurs en rapport avec les pratiques culturelles, les attitudes traditionnelles qui affectent la sexualité et la santé peut donner de plus grands résultats.

L'expression négative des objectifs a pour conséquence des comportements d'évitement et crée une diversion qui nous pousse à nous concentrer sur les symptômes plutôt que sur la maladie elle-même. Cette expression négative des objectifs met l'accent sur là où nous sommes faibles et nous rend ainsi plus faibles et plus vulnérables à la défaite. Il est important de noter que les objectifs ne peuvent être atteints que s'ils sont « correctement » motivés. Sans prise de conscience et sans prise de connaissance des bonnes motivations, il y aura de mauvaises interprétations et des déficiences dans les politiques.

Par exemple, des parents peuvent être motivés à envoyer leurs enfants à l'école parce que les décideurs politiques l'ont dit, que l'éducation est gratuite, ou que le pays suit une politique d'alphabétisation. Ce sont là de mauvais stimulants.

Cependant, si les gens savent qu'en allant à l'école ils pourront trouver un emploi rentable, contribuer au développement individuel, familial et national parce qu'ils constituent eux-mêmes des ressources et mènent une vie de qualité, alors on aura une bonne motivation pour obtenir des résultats supérieurs et planifiés.

Tout cela est également vrai pour ce qui est de l'éradication du VIH/SIDA, du paludisme et d'autres maladies. Qu'est-ce qui poussera les gens à s'abstenir d'activités sexuelles ou qu'est-ce qui les conduira à adopter l'usage du préservatif ? Est-ce le fait qu'on risque la mort ? Les cyniques vous demanderont si de toutes façons on ne va pas mourir un jour ? La peur de la mort ne marchera que pendant un laps de temps et ne sera pas à l'origine d'un changement de comportement pour la vie entière. Le comportement d'évitement a ses limites et il n'est pas surprenant que les taux du VIH/sida soient à présent de 6,5 pour cent en 2001 après être tombés à 6,1 pour cent en 2000.

Le paludisme doit toujours être combattu. Plusieurs interventions, y compris la suppression des taxes sur les moustiquaires, la gestion de la fièvre à la maison, le traitement gratuit du paludisme des enfants ne marchent pas si on n'apprend pas aux populations à comprendre pourquoi elles doivent vivre, ou continuer à vivre. C'est seulement en apprenant qu'ils portent l'héritage de la mère patrie, qu'ils ont un grand rôle à jouer dans le développement de l'Afrique, qu'ils ont le potentiel de changer le monde qu'ils continueront à poursuivre leur promesse, à accorder une grande valeur à la vie et à se battre pour vivre.

Mise à part la manière d'exprimer les objectifs, Hersey *et al.* (1993) pensent que les motifs ou besoins constituent les raisons sous-jacentes du comportement. Les gens ont une multitude de besoins concurrents qui influencent leur comportement. Qu'est-ce qui détermine donc lequel de ces motifs une personne va essayer de satisfaire par une activité donnée ? Le besoin le plus puissant à un moment particulier conduit à l'activité, alors que les besoins déjà satisfaits ou les besoins dont la satisfaction est bloquée perdent leur force et ne motivent pas les gens à rechercher des objectifs pour les satisfaire.

Les objectifs devront être fixés assez haut pour que l'on s'astreigne à les atteindre, mais assez bas pour pouvoir être atteints. La pratique de « la carotte » ne constitue pas une bonne pratique motivationnelle. Les motifs bloqués et les comportements d'évitement qui échouent continuellement peuvent conduire à des formes de comportement d'adaptation irrationnelles. Le blocage ou le fait d'empêcher l'accomplissement d'un objectif est souvent désigné sous le nom de frustration. La frustration peut arriver à un point où l'individu adopte un comportement agressif, de la rationalisation, de la régression, faire une fixation et démissionner. Les gens frustrés ont tendance à renoncer aux tentatives constructives de résoudre leurs problèmes, et vont continuer à répéter indéfiniment les mêmes modèles de comportement, même si l'expérience leur montre qu'ils ne peuvent rien accomplir. La frustration peut geler les réponses anciennes et habituelles et empêcher l'utilisation de réponses nouvelles et plus efficaces. Maier a montré que bien que les habitudes soient normalement abandonnées lorsqu'elles n'apportent pas de satisfaction ou conduisent à la punition, une fixation devient en fait plus forte dans ces circonstances. Il y a démission lorsque les gens perdent l'espoir de réaliser leurs objectifs dans une situation particulière et se retirent de la réalité et de la source de leur frustration. Les activités découlant de besoins très puissants débouchent sur des activités dirigées vers un objectif et des activités-objectifs ; concepts qui sont importants pour les praticiens dans leur compréhension du comportement humain.

Deux autres facteurs importants affectant la puissance du besoin sont l'attente et la disponibilité. L'attente tend à affecter les motifs, ou les besoins, sur la base de l'expérience passée et la disponibilité tend à affecter la perception des objectifs et reflète les limitations perçues de l'environ-nement. Elle est déterminée par la perception qu'un individu a du degré d'accessibilité des objectifs pouvant satisfaire un certain besoin.

Un exemple de la façon dont la perception peut affecter le comportement a été dramatiquement illustré par une expérience conduite avec un poisson. On a placé dans un aquarium un brochet et un grand nombre de vairons. Au bout d'un certain temps, lorsque le brochet s'est habitué à avoir à sa disposition une quantité abondante de nourriture, on l'a séparé des vairons à l'aide d'une paroi de verre placée au milieu de l'aquarium. Lorsque le brochet a eu faim, il a tenté de s'approcher des vairons pour prendre son repas comme d'habitude, mais il s'est, à chaque fois, cogné la tête contre le verre. Au début, la puissance du besoin de nourriture s'est de plus en plus accrue et le brochet a redoublé d'efforts pour atteindre les vairons. Finalement, ses échecs répétés à atteindre son objectif se sont soldés par une frustration telle que le brochet n'a plus tenté d'atteindre les vairons. Lorsque la paroi de verre a été retirée, les vairons ont recommencé à nager autour du brochet, mais aucune activité dirigée vers l'objectif n'a plus eu lieu. À la fin, le brochet est mort de faim au milieu d'une nourriture abondante. Dans les deux cas, le brochet a fonctionné selon sa perception de la réalité, non pas selon la réalité elle-même.

Les individus agissent sur la base de leurs perceptions ou interprétation de la réalité et non pas sur la base de la réalité elle-même. L'une des raisons pour lesquelles nous étudions les sciences du comportement est qu'elles nous donnent des moyens de rapprocher de plus en plus nos perceptions de la réalité. Plus nous rapprochons nos perceptions d'une réalité donnée, plus la probabilité est élevée que nous pourrons avoir une influence sur ce morceau particulier de réalité.

Selon le message du Secrétaire général de l'ONU, Kofi Annan, à l'occasion de la Journée mondiale des Nations Unies, servir l'humanité partout où ses besoins sont les plus grands, aider les peuples du monde à trouver des solutions communes aux problèmes communs constituent les principaux objectifs. Le besoin de l'Afrique n'est pas de trouver des solutions communes à des problèmes communs. Notre besoin : comment nous focaliser sur les aspects positifs que nous avons en tant que nation, ce que nous pouvons faire, et le faire mieux. Il est nécessaire d'opérer cette mutation afin que cesse la politique actuelle consistant à recevoir des politiques formulées par d'autres, le statu quo actuel consistant à penser que nous sommes trop pauvres parce que les statistiques le disent, la culture actuelle qui fait croire que la Banque mondiale veut vraiment nous aider. C'est seulement en ce moment-là que nous serons à même de transformer pour le meilleur, et d'effectuer des changements dans le système international. Nos capacités réalisées nous équiperont alors pour attaquer les problèmes auxquels nous faisons face sans avoir peur de mal façonner et de mal motiver nos objectifs. Une bonne motivation conduit au renforcement des capacités.

Renforcement des capacités

Le renforcement des capacités nous permet de faire concrètement ce que nous faisons le mieux, sans en profiter. Dès que nous nous rendrons compte que nous ne sommes pas bons à certains jeux, nous n'entrerons pas dans le terrain de jeux, car nous serons conscients que nous allons perdre. L'objectif de développement du millénaire numéro huit met l'accent sur le développement d'un partenariat mondial pour le développement. L'événement le plus récent dans le cadre

de cet objectif en Ouganda est l'Africa Growth Opportunities
Act (AGOA), qui a récemment démarré. L'Ouganda a ouvert
ses portes à des investisseurs sri-lankais, qui ont ouvert une
usine de vêtements « Apparels Tri- Star ». L'entreprise fabrique
des habits avec du coton ougandais et les exporte aux États-
Unis. Elle a recruté près de 1400 jeunes filles sélectionnées
dans différentes parties du pays.

Cependant, le 24 octobre 2003, Apparels Tri-Star a licencié
près de 265 filles, (sans droits, avantages, ou autres frais de
rapatriement) malgré un jugement prononcé par un tribunal
en faveur des employés et des syndicats qui leur ont servi une
ordonnance restrictive. Les employées ont déploré de
mauvaises conditions de travail, le harcèlement sexuel, les
mauvais traitements et les bas salaires. Le salaire était de shs80
000 par mois (40 dollars), le déjeuner consistait en un beignet
et de l'eau ; elles partageaient les dortoirs avec les hommes,
chaque fille devait faire 100 pièces par heure et elles
travaillaient 13 heures sans paiement d'heures
supplémentaires (*The Monitor Newspaper* 26 octobre 2003).
Le conseiller du président pour l'AGOA a révélé que Tri-Star
recevait près de 40 millions de dollars par semaine de ses
exportations. Selon lui l'AGOA est un cas typique de mauvaise
gestion des ressources humaines. Le 27 octobre 2003, le journal
The Monitor a publié un article qui révèle que le gouvernement
a versé une contribution de 5,4 milliards aux investisseurs,
offert des locaux gratuits, et s'est même chargé du recrutement
des filles en provenance de plusieurs districts au nom de la
direction de l'entreprise. Pourquoi avons-nous fait tout cela ?
C'est à la fois mystérieux et misérable. Pour quelle raison avons
nous même pensé à exporter les vêtements en exploitant nos
ressources humaines ; alors que nos propres populations se
promènent toutes nues par manque de vêtements—c'est là
quelque chose que je n'arrive toujours pas à comprendre. Nous
avons un marché chez nous. Si nous sommes incapables de

nous occuper d'investissements pour l'exportation, de valoriser nos ressources humaines, et de nous assurer que les investisseurs respectent la législation du travail de notre pays, pourquoi nous engager dans ce genre d'affaires ? Pourquoi faciliter notre propre exploitation au nom du partenariat mondial ? Si dans la mise en œuvre de politiques nous n'avons pas la capacité de planifier, de poser des questions, et même de nous rendre compte que nous sommes en train d'échanger la force de l'Afrique contre un deuxième esclavage, nous ne réussirons jamais à réaliser ce qu'il y a de mieux pour le futur que nous désirons. Que signifie la croissance économique aux dépends de la vie humaine, des droits humains, et de la dignité humaine ? Dans les autres pays africains, l'importation de systèmes étrangers inappropriés pour le pays a eu des effets très nuisibles. Tout ce qui est transplanté d'ailleurs doit être bien reconnu comme approprié pour les conditions locales.

Étant donné que le développement dans sa plus grande partie ne peut avoir lieu qu'avec la participation active des populations, le facteur humain devra être à la fois inspiré et bien équipé afin de jouer un rôle efficace et effectif dans leur propre développement. Pour cela, elles doivent développer une confiance totale en elles-mêmes. Leurs esprits et leurs cœurs doivent être débordants de ce nouvel enthousiasme à travailler pour le développement de leur pays. C'est seulement avec la reconnaissance de la valeur et de la dignité de chaque individu que nous pourrons faire l'usage le meilleur et le plus positif des opportunités de notre développement. La Somalie a commencé à reconnaître que lorsqu'il est dirigé vers l'objectif du développement, l'usage optimal du facteur humain transformera la Somalie en un pays vibrant d'un enthousiasme humain propre à accélérer le processus de développement.

Le renforcement des capacités nous permet de reconnaître la valeur de nos ressources dans toutes leurs dimensions, et conduit au concept d'appropriation.

Appropriation

Les populations participent au processus de changement parce qu'elles ont acquis le pouvoir de comprendre que la transformation leur appartient, qu'elles peuvent se l'approprier, qu'elles peuvent la posséder. Ceci donne naissance à un environnement qui permet un réajustement perpétuel des objectifs et une opportunité de croissance et de développement. La recherche montre que l'engagement s'accroît lorsque les populations prennent part à la fixation de leurs propres objectifs. Grâce à cette participation les populations auront tendance à mener beaucoup plus d'activités orientées vers des objectifs avant d'être frustrées et d'abandonner.

En matière de gestion, une étape importante de la recherche d'efficacité dans la promotion d'un comportement plus responsable c'est lorsqu'il faut décider si ce comportement est acceptable ou non et ensuite répondre à la question de savoir à qui appartient le problème en terme de comportement identifié. Les concepts derrière l'appropriation des problèmes s'appliquent à toute situation où un « dirigeant » tente d'influencer le comportement des autres. Le concept « à qui appartient le problème » de Gordon, peut être combiné à l'analogie du « singe sur les épaules » de William Oncken. Blanchard, Oncken et Burrows définissent un singe comme étant « le prochain pas » à faire dans la direction de la résolution d'un problème. Lorsqu'un dirigeant accepte de « réfléchir » au problème d'un subordonné, la propriété du prochain pas à faire est transférée du subordonné au dirigeant. Avant ce transfert, la responsabilité de l'action appartenait au subordonné. Après le transfert, lorsque le dirigeant s'approprie le singe, il assume deux responsabilités : la responsabilité du problème, et la responsabilité de tenir le subordonné au courant des progrès dans la résolution du problème. Le dirigeant ne fera pas beaucoup de progrès sur le singe car il est enterré sous tous les autres singes accumulés et venant des autres subordonnés. C'est ce qui se passe lorsque la Banque mondiale et autres bailleurs de fonds continuent à s'approprier le singe de l'Afrique. La responsabilité se déplace de nous vers les décideurs. Lorsque nos singes nous appartiendront, nous serons conscients de la responsabilité de prendre des mesures positives en vue de construire la promesse de l'Afrique.

Ce qui nous empêche de nous approprier nos singes, c'est que nous ne fixons pas nous-mêmes nos politiques. Si tel était le cas, nous participerions pleinement au changement et nous y serions plus engagés. Nous prendrions part à la formulation et à la mise en œuvre des politiques non pas parce qu'il s'agirait d'initiatives gouvernementales, mais parce qu'elles seraient nos propres entreprises, ce qui aurait pour conséquence des actions positives.

Actions positives

Au nombre des actions positives, il y a les actions qui libèrent totalement la nation et la mettent sur le chemin de la réalisation des objectifs désirés. Ce concept d'action positive peut être parfaitement illustré par le proverbe chinois : les politiques de la Banque mondiale n'apprennent pas aux pays en développement « à pêcher ». Elles ne font que distribuer du poisson, selon les statistiques issues de leurs rapports.

Il est dommage qu'avec tous les sols riches et fertiles de l'Afrique, avec tous ses produits agricoles, ses minéraux, ses populations... nous puissions encore « avoir faim », tout simplement parce qu'au fond, nous sommes une société qui n'a pas pris conscience d'elle-même. La condition humaine n'est pas apparente, et nous ne voyons pas les opportunités sociales niées ou non reconnues qui peuvent donner naissance à de nouvelles actions pour l'avenir et changer l'image actuelle.

En 1965, Singapour avait le même PNB que l'Ouganda. Le Premier ministre de Singapour a canalisé les comportements des populations vers des actions positives et maintenant Singapour est parmi les nations les plus développées. À ce jour, l'Ouganda se focalise encore sur ses échecs, ses faiblesses, les dons de l'étranger et est terrorisé par le futur. La reconnaissance des actions positives dont nous pouvons nous nourrir et l'utilisation de nos réserves, voilà ce qui conduit à la réalisation des objectifs.

Réalisation des objectifs

La réalisation des objectifs est la variable prévue à la fin du processus de changement. Selon Billy Rojas : « Le futur ce n'est pas quelque chose qui nous tombe dessus ; c'est quelque chose que nous faisons et dont nous pouvons faire usage ». L'examen de notre propre condition humaine à travers les yeux des théories comportementalistes des sciences sociales, la fixation de nos propres objectifs sur la base de notre compréhension de nos valeurs et de nos motivations, voilà ce qui va contribuer à renforcer notre capacité d'appropriation du processus de changement et de conduite d'actions positives qui nous mèneront à la réalisation de nos objectifs. Et cela signifie réussir à construire le futur que nous désirons et tenir la promesse de l'Afrique, car elle en a besoin et nous le lui devons.

Conclusion

Les concepts des sciences sociales offrent un aperçu rigoureux du comportement humain et élèvent le niveau de prise de conscience de la réalité reflétée dans les problèmes sociaux. L'Afrique est actuellement en état de traumatisme. La recherche en sciences sociales doit apporter sa contribution à la guérison des blessures. En Suède, la recherche fondamentale indépendante jouit d'un statut élevé, ce qui est encore plus accentué par la remise annuelle du Prix Nobel à des chercheurs exceptionnels. C'est ce qui place la Suède au rang des pays qui investissent le plus dans la recherche en tant que nécessité de nous comprendre nous-mêmes et le monde où nous vivons. La recherche en sciences sociales construit des méthodes interactives qui ont une conscience toujours plus aiguë de l'importance du changement de comportement.

Références

Agence France Press, 2003, 'IMF admits it is failing in Africa', 24 octobre.

Biesheuvel, S., 1987, 'Psychology: Science and Politics. Theoretical Developments and Applications in a Plural Society', *South African Journal of Psychology*.

Blanchard, K. *et al.*, 1989, *The One Minute Manager Meets the Monkey*, New York: Morrow.

Bourguignon, F., *et al.*, 2003, *The Impact of Economic Policies on Poverty and Income Distribution*, New York: World Bank and Oxford University Press.

British Psychological Society, 1998, 'The Future of the Psychological Sciences: A Report Prepared for the Scientific Affairs Board by the Working Party on the Future of the Psychological Sciences'.

Festinger, L., 1957, A *Theory of Cognitive Dissonance*, Stanford, California: Stanford University Press.

Gordon, T., 1984, *Leader Effectiveness Training*, New York: Bantam.

Hersey, P. et al., 1993, 'Motivation and Behaviour', in *Management of Organisational Behaviour: Utilising Human Resources*, New Jersey: Prentice-Hall, Inc.

Wallerstein, I., 1999, *The End of the World as we Know it: Social Science for the 21st Century*, Minneapolis: University of Minnesota Press.

Mafeje, A., 2001, 'The Impact of Social Sciences on Development and Democracy: A Positivist Illusion', address given during the National Research Foundation's President's Awards event.

Maier, Norman R.F., 1961, *Frustration: The Study of Behavior Without a Goal*, Ann Arbor: The University of Michigan Press.

Robert, W. N., 1976, *Behavioral Intervention: Contemporary Strategies*, New York: Garden Press.

Ruhela, S, P., 1993, *The Preferred Future for Somalia*, New Delhi: Vikas Publishing House.

Toure, D., 2003, 'Despite the Gains, the Journey Ahead Remains a Long and Trying One', *The Monitor Newspaper*, Kampala, on UN Day.

Trefon, T. et al., 2002, 'State Failure in the Congo: Perceptions and Realities', *Review of African Political Economy*.

UNAIDS, 1998, A *Measure of Success in Uganda: The Value of Monitoring Both HIV Prevalence and Sexual Behaviour*, UNAIDS Case Study.

United Nations, 2003, 'Message from the UN General Secretary marking UN Day', UN Day supplement, Kampala: *The New Vision Newspaper*.

World Bank Publications available online: http://www.worldbank.org/publications.

Une approche ethnographique pour le développement en Afrique ?

Esther van Heerden

Introduction

Depuis leur début, au commencement de l'ère moderne, le statut des sciences sociales—définies comme étant les disciplines académiques qui s'occupent de l'étude de l'humanité—sont l'objet de contestations (Mouton et Muller 1997) à plusieurs niveaux différents. Elles ont été qualifiées avec mépris de « sciences douces » c'est-à-dire possédant peu de valeur scientifique concrète, et on s'est beaucoup efforcé d'établir leurs rapports avec les sciences naturelles, soit en tant que sciences en elles-mêmes (Kellner 2003 ; Turner et Roth 2003) soit en mettant l'accent sur leurs forces uniques et en décrivant la façon dont leur orientation, leurs sujets et leurs méthodes diffèrent des prétendues sciences naturelles (Gordon 1991 ; Bohman 1991).

À un moment où les chercheurs en sciences sociales en Afrique sont affectés par « l'isolement, et la marginalisation scientifique, les conditions matérielles précaires, la répression politique, une fuite des cerveaux débilitante et l'absence de liberté académiques » parmi d'autres facteurs, (voir www.codesria.org), la valeur du savoir social pour le futur du continent est encore remise en question. La réduction de l'appui de l'État et des financements pour les projets de recherche dans beaucoup de pays africains a conduit à une plus grande demande pour une recherche efficace offrant des solutions pratiques à des problèmes sociaux pressants.

Outre les critères conventionnels d'évaluation de la recherche sociale, à savoir la validité et la fiabilité (Chambers 1985:17), la capacité à illustrer la pertinence et le caractère significatif de la recherche qui peut être mise à la disposition du public est devenue plus cruciale. Mais comment se détermine la pertinence ? Et quels sont les problèmes les plus pressants pour l'Afrique ? Certains (George *et al.* 2000) caractérisent ces problèmes comme étant « l'avènement de nouvelles formes de colonialisme, d'impérialisme, de domination et d'oppression sociale », mais même ces termes sont employés d'une manière si vague qu'on pourrait les considérer comme faisant référence à un certain nombre de problèmes différents. Pour que cette communication reste spécifique, je voudrais donc me focaliser sur la question controversée du développement en Afrique, qui dans certains milieux, est considérée comme une « nouvelle » forme d'oppression sociale par l'Occident industrialisé. Je commencerai donc par esquisser le contexte du développement en Afrique, et par situer les discours sur le développement dans un contexte plus large de recherche en sciences sociales, en montrant comment la science du développement a été déconstruite à l'époque post-positiviste.

Une Afrique appauvrie : le développement en guise de traitement

Selon le rapport de la Commission indépendante sur la population et la qualité de vie (1996:14), il y a des régions en Afrique qui sont parmi les plus pauvres du monde ; « ces régions ont une qualité de vie des plus misérables et où la situation des femmes est des plus regrettables ». La recherche sociale a montré la façon dont la malnutrition, la maladie, l'absence d'opportunités en matière d'éducation, le chômage chronique et l'accès limité ou non aux services vitaux dans les régions moins développées perpétuent un cycle de pauvreté (Taylor et Mackenzie 1992). Ce sont souvent les femmes qui souffrent le plus. La pauvreté—« la bataille de notre temps » selon l'expression usitée dans ce Rapport-est donc perçue comme l'ennemi principal, pour lequel le « déve- loppement » constitue l'antidote (Wangoola 2000). La poussée vers le développement économique en Afrique a débuté au cours de la lutte pour l'indépendance et le processus de décolonisation qui s'en est suivi (Fruzzetti et Ostor 1990:15). La plupart des anciens discours sur le développement avaient des liens étroits avec les notions modernistes de progrès linéaire. La croyance générale était que par les réformes économiques et l'accroissement de la production, les pays africains allaient atteindre un taux de croissance économique au niveau de celui des nations industrialisées, dont les avantages finiraient par s'infiltrer doucement vers tout le reste de la société. Comme par une sorte d'ironie, les stratégies de développement étroitement définies en termes de croissance économique n'ont souvent eu pour résultat que l'exacerbation des problèmes. Aujourd'hui, les ratios du service de la dette de l'Afrique restent élevés, la qualité de vie de la majorité des habitants de l'Afrique a décliné en termes aussi bien absolus que relatifs (Taylor 1992:215), la dégradation de l'environnement se poursuit, les disparités entre les classes sociales s'élargissent dans beaucoup de sociétés en conséquence de la politique de développement actuelle (Mackenzie 1992:7), les populations s'accroissent, les infrastructures physiques et institutionnelles restent inadéquates, etc.

Une des raisons de ces échecs est que les recom-mandations des institutions telles que la Banque mondiale, le FMI et l'OMC et les programmes d'ajustement structurels prescrits sont souvent inappropriés et ne tiennent pas compte de la diversité des contextes africains. En outre, on assiste à une érosion de la souveraineté locale et nationale des pays à cause d'une confiance excessive à l'expertise et aux financements extérieurs, plutôt qu'au développement conduit par des initiatives à la base—initiatives dans lesquelles les populations locales peuvent avoir une bonne part de responsabilité. La reconnaissance claire des échecs de nombreux projets de développement a coïncidé avec le tournant postmoderne des sciences sociales. Bien que les trois aspects majeurs de la démarche des sciences sociales—théorie, collecte, et analyse de données (Babby 1998: 24)—soient demeurés relativement constants, la remise en cause de la science sociale, inspirée par la théorisation postmoderne pose des problèmes en termes de définition, de morale et de pouvoir qui sont liés aux processus de production du savoir. Pour les chercheurs qui s'occupent de développement, voici certaines des questions cruciales à considérer : qu'est-ce qui constitue le savoir social sur le développement ? Quelles sont les personnes dont les prétentions au savoir sont privilégiées ? Au service de qui est ce savoir ? Comment le savoir social est-il structuré et représenté ? En dépit de ces questions difficiles pour lesquelles il n'y a pas de réponses faciles, je suis convaincu que les disciplines des sciences sociales, plus particulièrement la recherche en sciences sociales, sont bien une nécessité pour le futur de l'Afrique. En présentant les sciences sociales comme des disciplines dynamiques et en maturation, et en décrivant le mouvement du positivisme vers une théorisation plus autocritique et « déconstructrice » comme je le fais ci-dessous, je me propose de montrer que la critique postmoderne ne rend pas nécessairement le savoir social non pertinent, mais plutôt, elle a forcé les experts en sciences sociales, en particulier ceux qui travaillent comme praticiens du développement, à être plus en phase avec une « Afrique » hybride, en perpétuel changement.

Le positivisme et au-delà : les sciences sociales en transition

Bien que mon intention ici ne soit pas de faire l'historique des sciences sociales, je voudrais donner une brève illustration de la façon dont est historiquement située la construction de leur espace conceptuel. Les paradigmes des sciences sociales, du darwinisme social à l'interactionisme symbolique, au fonctionnalisme structurel et à la théorie des rôles, sont devenus prééminents, ont été plus tard abandonnés, puis encore repris sous un nouvel aspect. Alors que les paradigmes dominants du développement entre les années 1950 et 1970 mettent en avant un modèle technocratique de transfert de technologie de « l'Occident » vers l'Afrique, l'utilisation des ressources locales et l'explication de l'impact social des politiques de développement ont gagné en importance au cours des années suivantes. Cependant, il n'y a pas eu de rupture absolue entre les croyances passées et présentes. Par exemple, l'ancien discours sur le développement, appelé théorie de la modernisation, conserve encore une certaine influence, bien qu'ayant été critiquée pour ses bases simplistes, a-historiques et ethnocentriques (Gardner et Lewis 1996:12). Le vocabulaire des sciences sociales est aussi sans cesse recompilé, à mesure que certains concepts entrent en circulation, alors que d'autres anciennement légitimes sont abandonnés. La conceptualisation de la « culture » comme englobant « toutes les compétences et caractéristiques que les êtres humains acquièrent en tant que membres d'une société » (Wicker 1997:31), qui a souvent été employée dans le discours du développement, a encouragé à concevoir les cultures en termes de totalités homogènes et enfermées dans des frontières, ce qui a rendu possibles les comparaisons transculturelles et la formulation de théories grandioses. Ces conceptions de la culture ont été progressivement remplacées par des conceptions plus flexibles qui renferment les aspects insaisissables et ambigus inhérents au terme « culture » et qui le rendent si difficile à définir. Ainsi que le fait remarquer Fay (1996:61) : « les cultures sont intrinsèquement polyglottes, conflictuelles, changeantes, et ouvertes »—qualités qui ne sont pas facilement intégrées par les rigides politiques de développement. Aujourd'hui, la plupart des concepts ont été problématisés d'une façon telle que d'après mon expérience, les spécialistes des sciences sociales écrivent ou « parlent » souvent avec des guillemets pour se prémunir de l'accusation de ne pas être assez au fait des significations multiples sousjacentes aux termes qu'ils emploient dans leurs discussions. Le concept de dévelop-pement constitue un exemple de ces termes à utiliser seulement avec « les guillemets des années 1990 déconstrui-tes » (Gardner et Lewis 1996:1).

En outre, pour ce qui est des méthodes de recherche en sciences sociales, ce qui était naguère considéré comme étant l'essentiel dans les manuels de recherche a changé. Par exemple, à l'époque moderne, le débat méthodologique est principalement centré sur la façon de mettre en place une science non encombrée de « valeurs » afin de découvrir des faits prétendument vrais et universels. Le positivisme préconisait la mise en place de cadres de recherche explicatifs susceptibles de donner des réponses apparemment complètes et cohérentes à des phénomènes humains complexes. À ce propos, les relations de pouvoir entre respectivement un chercheur clinicien (souvent de sexe masculin, hétérosexuel et d'origine européenne) engagé dans une relation étroite avec des « sujets », étaient considérées comme des catégories stables, unitaires, et unilatéralement fixées. Le chercheur était investi du rôle de dominateur et on attendait de lui qu'il garde ses distances, qu'il soit objectif et rationnel à toutes les phases du projet de recherche. En particulier en Afrique, les relations de recherches étaient intrinsèquement inégales, ou même de type « colonial » (Harding 2003) étant donné que ceux qui faisaient l'objet de la recherche n'avaient pas voix au chapitre, ou très peu, dans le processus de recherche. Comme l'a souligné Harding (2003:299), l'ironie de la situation était que les sujets, qui étaient souvent des déshérités, se trouvaient encore plus brimés par des chercheurs dont l'intention était de gérer des populations qui étaient sous le contrôle des structures bureaucratiques de l'État. Quant à Michael Foucault, il proclamait que les sciences sociales sont une arme déterminée à normaliser ses sujets (Fay 1996:200). L'inconfort qui naît de cette conduite idéale de recherche neutre et objective prescrite transparaît dans beaucoup de manuels de recherche qui, d'une manière presque fanatique, donnent des directives sur la façon de construire et de pré-tester les questionnaires de sorte à limiter autant que faire se peut le parti pris et la réactivité dans l'entretien.

Selon les prescriptions des manuels (Bernard 1988 ; Babbie 1998) les questions d'enquête qui ont souvent été soulevées dans la recherche sur le développement doivent être dépourvues d'ambiguïté, bien planifiées, faciles à comprendre, concises, mais aussi exhaustives et exclusives ; elles doivent éviter les questions à double sens et à forte charge émotionnelle, etc. La cohérence des déclarations des enquêtés au fil du temps est considérée comme étant l'un des critères les plus importants de fiabilité d'un rapport de recherche. Toutes ces mesures visent à contrôler les facteurs «externes» au processus de recherche afin d'obtenir des données «scientifiques» statistiquement valables et facilement comparables. Il est clair que je simplifie les pratiques de la recherche pour étayer mon argumentation. Loin de moi l'idée

de nier l'importance d'une planification soigneuse du
processus de recherche, comme par exemple avec l'élaboration
de questionnaires, qui est souvent utile dans la recherche sur
le développement ; cependant, on reconnaît de plus en plus
dans les milieux de la recherche en sciences sociales, que la
théorisation sociale en elle-même se situe inévitablement dans
des contextes spécifiques, sous-tendus par des idéologies
particulières et définis par des idéaux basés sur des valeurs.
En fait, la théorisation sociale et la pratique de la recherche
ont toujours été historiquement spécifiques avec des
dimensions morales et politiques claires (Mouton et Muller
1997:3). En outre, on demande de plus en plus aux chercheurs
de tenir compte de leur propre construction identitaire à
facettes multiples au sein de milieux socio-économiques,
académiques, historiques, etc. (Collier 1998:125). Par exemple
certains ont accusé le concept de développement d'être
enraciné dans des constructions néocoloniales du monde et
aussi de constituer un outil idéologique d'une importance
capitale dans les relations de pouvoir au niveau mondial
(Gardner et Lewis 1996:1).

   Du point de vue épistémologique, le débat sur la
théorisation en sciences sociales et la conduite de la recherche
s'est ainsi déplacé en même temps que les sciences sociales
sortaient de l'époque positiviste pour être plus en phase avec
les réalités modernes, en partie en réponse à la critique
postmoderne qui a remis en cause les fondements mêmes de
la science positiviste. La notion de théorisation sociale sans
grande valeur, retirée des contextes locaux, a pratiquement
été abandonnée au profit d'un engagement plus « pratique »
pour les questions sociales. Comme l'écrit Jeremy MacClancy
(2002:110), il est de plus en plus admis que les chercheurs en
sciences sociales, en particulier les anthropologues, s'engagent
dans les questions locales, comme « la surveillance du respect
des droits humains... et la contribution à la mise en place de

canaux à travers lesquels les populations victimes d'abus peuvent efficacement protester... ». Étant donné ce contexte, je voudrais faire une esquisse des implications d'un tel déplacement paradigmatique pour les questions de développement en Afrique.

Redéfinition de la « pensée éclairée » et du renforcement des capacités—Implications pour le développement

« Là où la vieille logique des sciences sociales recherchait l'unité, la nouvelle logique trouve la complexité ; là où la vieille logique cherchait des reconstructions idéalisées, la nouvelle logique commence par les pratiques réelles... » (Bohman 1991:7). L'éclaircissement, le renforcement des capacités et l'émancipation ont guidé les théories sociales modernistes. La conception d'une théorie sociale critique comme « l'agent catalyseur du renversement d'un ordre social donné » (Fay 1987:28) avec le marxisme classique comme bon exemple, a subi le feu roulant des attaques, surtout à cause de l'accent mis sur une vérité ultime qui viendra libérer les gens et des limites perçues de la capacité des sciences critiques à engendrer le changement social (Fay 1987:206). Mais les trois E (NDLT: en anglais—enlightenment, empowerment, emancipation) comme les appellent Mouton et Muller (1997:5), conservent toujours une certaine influence dans le façonnement des programmes de recherche en sciences sociales. Il est certain que beaucoup de théoriciens (Fay 1996) soutiennent la conception d'une théorisation critique avec l'objectif distinct de guider les gens vers une plus grande connaissance des mécanismes sous-jacents aux ordres sociaux dominants. Les chercheurs postmodernes moins radicaux s'intéressent, souvent, surtout à l'exploitation, aux problèmes de pouvoir, au renforcement des capacités et au « développement des outils rhétoriques en vue de déconstruire et de critiquer des réalités sociales linguistiquement construites et à médiation textuelle, et aussi de fournir des interprétations alternatives de textes » (Collier 123).

Ainsi, bien que les objectifs de vérité et « d'éclairage » fixés par des dogmes tels que l'empirisme et le positivisme aient été problématisés par une reconnaissance du caractère indéterminé des phénomènes sociaux, ils n'ont certainement pas été perdus (Kellner 2003:255), en ce sens qu'on accorde toujours beaucoup de valeur à la production de savoir. On semble s'être généralement accordé sur le fait que la recherche, en tant qu'activité sociale, doit être menée au bénéfice de la société, en particulier en Afrique (Prah 1993, Abrahams 1997). Malgré la remise en question du savoir et la diversité du champ de recherche qui est menée, un thème unificateur commun reste le renforcement des capacités. Bien entendu, le renforcement des capacités est défini d'une manière différente dans les sciences sociales, selon l'orientation particulière de la recherche. Par exemple, les avocats du multiculturalisme voient le renforcement des capacités comme « la lutte pour une formation plus libre et plus flexible de groupes et d'identités basées sur des valeurs, des orientations, des activités et des positions politico-économiques consciemment partagées » (Turner 1994:424). Beaucoup de chercheurs et activistes dans le domaine du Sida veulent renforcer les capacités des gens à faire les bons choix lorsqu'ils ont l'information correcte sur la maladie, dans le but de ralentir la transmission du VIH. Les nombreuses formes de féminisme, y compris le féminisme libéral, marxiste et psychanalytique, ont toutes une fixation sur les différents moyens de renforcer les capacités des femmes que ce soit à travers la défense des droits de l'individu par l'État, par le changement de la structure de classe et l'instauration de l'égalité d'opportunités entre les genres ou par l'exploration des profondeurs du psychisme féminin. Dans la rhétorique du développement, une conception du renforcement des capacités soutient qu'il faut donner aux gens ordinaires le pouvoir de « prendre en charge leur propre vie, de rendre les communautés plus responsables de leur propre développement, et de forcer les gouverne-ments à écouter leurs populations » (Mackenzie 1992:26)—une affirmation qui pose encore une fois les questions troublantes de validité, de pertinence et de valeur quant aux divers rôles que les sciences sociales devraient jouer, en particulier en ce qui concerne la recherche pour le développement.

Selon Prah (1993:12) la recherche en sciences sociales n'a pas un bilan reluisant lorsqu'il s'agit de la maximisation de l'intérêt public :

> À un niveau d'expertise en sciences sociales capable de produire des résultats de recherche perspicaces en vue d'innovations technologiques et de politiques ... dans l'expérience africaine dans son ensemble, depuis le début des indépendances à la fin des années cinquante... une telle ex-pertise n'a eu qu'un impact relativement insignifiant dans la transformation de la terre africaine en vue de l'amélioration de la condition humaine.

L'évaluation de l'argument de Prah n'entre pas dans le cadre de cette communication, mais il faut souligner que les sciences sociales ont eu à renforcer les liens entre la politique et la pratique et de plus en plus les chercheurs en sciences sociales se retrouvent en train de travailler dans des contextes de recherche appliquée. En particulier pour ce qui concerne le développement, les méthodes des sciences sociales sont de plus en plus utilisées pour le développement à la base : évaluation des besoins locaux, mise en place de mécanismes efficaces afin que l'assistance parvienne aux plus nécessiteux, et faire en sorte que les programmes de développement communautaires soient équitables et durables (De Waal 2002:252).

Dans le reste du document, je vais illustrer la façon dont l'ethnographie, méthode de recherche traditionnellement associée avec la pratique de l'anthropologie, peut constituer un précieux outil de recherche. Elle peut être utilisée pour obtenir des résultats de recherche perspicaces pouvant contribuer à la génération de recherches de développement qui édifient et renforcent les capacités aussi bien du chercheur que de ceux qui sont l'objet de la recherche, à travers, entre autres, une attention prêtée au contexte, en étant centré sur les populations et en situant le « local » dans le « mondial ».

Ethnographie : une approche pratique

En tant que méthode de recherche de plus en plus populaire dans presque toutes les disciplines des sciences sociales (Chambers 1985:174), mais traditionnellement associée avec la discipline de l'anthropologie, l'application de plus en plus répandue de l'ethnographie constitue un témoignage des tendances de plus en plus pluridisciplinaires de la recherche en sciences sociales. Aujourd'hui, l'ethnographie peut se caractériser de plusieurs façons : multi-vocale (Grillo 1997), multi-localisée (MacClancy 2002), globale (Burawoy 2000) ou comparée (Gingrich et Fox 2002). Parmi les éléments de base de la méthode, il y a l'exposition directe aux conditions de recherche au cours d'une longue période de temps, l'immersion intensive, active du chercheur dans la vie de tous les jours, ce qui entre autres, signifie vivre comme les « indi- gènes » et une approche avec une grande ouverture d'esprit sur l'expérience vécue, ce qui, idéalement signifie ne rien prendre pour acquis.

Mais comme toute autre méthode sociale, l'ethnographie n'a pas été uniformément comprise par tous ceux qui la pratiquent. Ceci est clairement illustré par la description que Michael Burawoy fait des approches divergentes que les écoles de Chicago et Manchester ont eu de l'ethnographie (Burawoy 2000). Qu'elles se focalisent sur l'étude des institutions, qu'elles étudient la délimitation des contextes ou qu'elles traversent les frontières de l'État-nation, qu'elles mettent l'accent sur les relations de classes ou l'intégration fonctionnelle des populations dans une société plus étendue, les techniques de l'ethnographie ont toujours répondu aux changements du temps. Cependant, les conceptions actuelles de l'ethnographie, souvent, continuent à dériver d'une approche positiviste de la recherche sociale, en dépit de nombreux travaux (Van Maanen 1988 ; MacClancy 2002) qui déconstruisent le lien entre ethnographie et exotisme par exemple. Earl Babbie (1998:282) définit encore l'ethnographie comme faisant typiquement référence aux « observations naturalistes et aux compréhensions holistiques des cultures ou sous-cultures ». Comme l'explique Fay (1996:51), le holisme, d'une manière typique et méthodologique « offre un guide de construction théorique dans les sciences sociales : cherchez dans les totalités sociales les explications du résultat final ». Au lieu de se focaliser sur les traits individuels, l'individu est placé dans un contexte systémique plus large qui permet la formulation de théories explicatives des phénomènes sociaux à travers l'approche holistique. John Lofland (1995:283) ajoute que les ethnographes analytiques procèdent comme si les vraies réalités existent, développant et utilisant des techniques qui vont correctement capturer ce qui se passe « réellement ». L'orientation moderniste d'une telle position est évidente dans les références à l'observation « naturaliste » (associée avec une position objective), « la totalité », fournis- sant (par opposition à « construisant ») une explication « véri- dique » au singulier sur les individus fonctionnant au sein d'un système plus large. Il n'est pas surprenant que Marit Melhuus (2002:79) croie que le concept de holisme n'est plus plausible dans un monde (postmoderne) où « les frontières sont dissoutes, les gens déplacés, les identités fragmentées, les concepts disloqués... ».

En fait, l'ethnographie est toujours comprise comme méthode de recherche pouvant donner une compréhension plus profonde, même « intime » des conditions sociales et matérielles des phénomènes contemporains. Dans le sens le plus traditionnel, un ethnographe peut aider à « traduire » les plans de développement pour les bénéficiaires ciblés, en utilisant leurs propres expressions « culturelles ». Par exemple, une sous-estimation ethnographique des conditions locales par opposition aux « solutions » de développement standardisées pourrait réduire le risque de fausses présomptions de la part des planificateurs de projet. Une sensibilité ethnographique signifierait rendre explicites les prémisses et significations de termes de développement tels que « construction communautaire », « durabilité » et « re- cherche participative ». La dynamique sociale locale serait examinée, ce qui, entre autres choses, garantirait le timing correct des projets. Autant d'acteurs que possible seraient consultés par un ethnographe afin de déterminer leurs besoins et priorités et surveiller la façon dont de tels besoins pourraient changer avec le temps. On se focaliserait sur quelque chose de plus large que les indicateurs économiques pour déterminer l'impact social d'un projet et la mise en œuvre et les progrès d'un projet seraient continuellement surveillés dans la mesure du possible. Toutes ces stratégies ethnographiques peuvent accroître le taux de réalisation des objectifs de développement aussi bien à court terme qu'à long terme, comme l'ont montré des études de cas concrets (Chambers 1985 ; Gardner et Lewis 1996 ; De Waal 2002).

Les données qualitatives collectées par le biais d'une approche ethnographique sont souvent utilisées en combinaison avec des données quantitatives, car on croit qu'elles permettent au chercheur de s'approprier les processus subtils et symboliques qui ne sont pas facilement quantifiables. C'est en liant l'individuel au sociétal qu'on construit une analyse plus variée et à facettes multiples. Par exemple, un chercheur étudiant la pauvreté dans un contexte local à travers l'observation participante et des entretiens individuels pourrait montrer la façon dont le manque de compétences, de ressources et/ou d'opportunités au niveau individuel est lié aux inégalités institutionnalisées en termes d'infrastructure, de capital, du patrimoine foncier, d'édu- cation, d'information, etc. À cet égard, les ethnographes sont entrain d'accomplir un excellent travail. L'exécution d'analyses d'impact social n'est qu'un exemple parmi d'autres (Goldman 2000).

Cependant, contrairement à Babbie (1998) et Lofland (1995) je crois que la méthode de l'ethnographie, au moins dans certains domaines, a apporté une réponse à la crise de représentation qui a débuté dans les années 1980 et qui continue aujourd'hui encore à hanter les sciences sociales. La remise en question de la méthode ethnographique par les chercheurs postmodernes comprenait des allégations d'exploitation cultuelle et une remise en question de l'autorité (du chercheur). Les postmodernistes ont ainsi critiqué l'ethnographie en affirmant qu'elle risquait d'apposer des « catégories ethnocentriques, analytiques, chargées d'une certaine notion de pouvoir, et des images » exotifiantes « sur les populations innocentes qu'elle étudie » (Bourgois 2002:19). Bien que largement contestées par beaucoup, de telles accusations ont suscité une sensibilisation à la différentiation interne, négligée par un holisme simpliste qui conçoit les groupes comme des unités homogènes ; la reconnaissance des bases narratives de toutes les prétentions au savoir ; une mise en avant inconsciente de la personnalité du chercheur et la génération de recherche ouverte, réfléchie, multi-vocale et qui remet fréquemment en cause les notions de sens commun et le savoir « culturel » considéré comme acquis. Au lieu de la référence stéréotypée à l'ethnographe comme « quelqu'un qui, à partir d'une autre culture se penche sur des pratiques »

(Bohman 1991:204), les ethnographes contemporains se situent dans des espaces qui se trouvent entre les sociétés. Ils sont simultanément sur les marges et au centre de l'action sociale, pendant que les contextes se déplacent et se chevauchent.

L'explication de la fluidité des relations sociales, surtout en Afrique, est devenue d'une importance capitale. Les analyses ethnographiques sont ainsi capables de rendre compte de la diversité non seulement entre différents contextes de développement, mais aussi à l'intérieur des communautés de développeurs professionnels et/ou des « cibles » de tels projets. Mises à part ces forces de la recherche, il est probable que les ethnographes qui ont répondu au courant postmoderne ont aujourd'hui en commun un engagement ou au moins la conscience de certains éléments qui sont essentiels à la conduite et à la représentation de la recherche ethnographique contemporaine. Ces éléments, dont je ne peux explorer que quelques-uns dans ce document, comprennent l'attention portée au *contexte* ; la conduite de la recherche qui est *centrée sur les populations* ; *le fait de situer le local dans le mondial*; une *conscience des divergences liées au pouvoir* ; ne pas avoir peur de la *complexité* ; *l'attention portée au discours* ; et une *réceptivité quant à la critique*.

Placer les choses dans leur contexte : Bien que les ethnographes aient historiquement eu l'accès privilégié à une grande diversité de contextes, ces contextes étaient étroitement définis comme étant ruraux et éloignés. À part le fait que presque tout espace occupé par des êtres humains— y compris le cyberespace—peut aujourd'hui accueillir une étude ethnographique, les observateurs sont devenus plus conscients du fait qu'ils contribuent à la production des multiples caractéristiques des contextes où ils se trouvent (Bohman 1991:103). D'après ma compréhension du terme tel qu'il est appliqué à la pratique de l'ethnographie, le contexte a remplacé la notion de holisme. L'idée qu'il est possible de capturer toute une « culture », système de croyance, ou phénomène de société et en même temps prescrire un remède de développement est dépassée. En lieu et place, on met l'accent sur l'importance du contexte comme étant la pratique qui consiste à « accorder une grande attention à des pratiques particulières et aux situations où elles ont lieu » (Stern 2003:185), et combiner des aperçus historiques et contemporains utilisant une variété de traditions et approches comprenant des documents historiques et autres sources textuelles. Par conséquent, le contexte dans une discussion sur le développement signifierait définir le développement en termes plus qu'uniquement quantitatifs. Des concepts contradictoires du développement et des significations divergentes attachées à des ressources par exemple attirent l'attention des ethnographes (Schneider 2002:69) qui étudient la formation des marchés foncier et de l'emploi dans les régions fortement colonisées d'Afrique.

Centré sur les populations : Toute position unilatéralement conçue imposée par une élite politique, civile, bureaucratique, ou académique sans aucune tentative de faire participer une opinion publique plus large s'est, selon l'expérience vécue dans certaines parties de l'Afrique, révélée être du gaspillage tout en étant inefficace (Prah 1993:13). En ethnographie, il s'est toujours agi de prendre les gens au sérieux (MacClancy 2002:4) en mettant en vedette ce que les gens ordinaires disent et ce qu'ils font. Du fait de la confiance dont sont investis les informateurs, les directives éthiques pour la recherche ethnographique stipulent que la recherche doit renforcer les capacités des participants à la recherche en respectant et en protégeant les droits d'autonomie, de dignité, de vie privée, et de confidentialité. De plus en plus, comme extension du principe de l'accord informé, la tendance est à faire des participants à la recherche des partenaires dignes de ce nom dans la recherche, au lieu de simples sujets. L'ethnographie est particulièrement bien indiquée pour une telle collaboration, étant donné que les relations de confiance sont établies sur une longue période entre l'ethnographe et les informateurs. Cependant, comme Taylor (1992:234) le fait remarquer, il y a plusieurs variations différentes en ce qui concerne la participation et il est essentiel que les conditions auxquelles la participation communautaire ou le développement à la base peuvent émerger soient bien spécifiées. Harding (2003:302) avertit aussi que

> Si la recherche ne doit des comptes qu'aux cadres conceptuels et disciplinaires et aux exigences méthodologiques qui en fait sont souvent au service des institutions dirigeantes et non pas celles « dirigées », plus de recherche ne réussira qu'à pérenniser de tels cadres et à aggraver l'écart entre les riches et les pauvres.

Bien que faire des gens des sujets participants « doués de capacités intellectuelles pour contester et remettre en question l'objectif de leur pratique et faire des choix autonomes et informés » (Letseka 1997:465) pour ce qui est du développement n'est pas une stratégie qui garantisse à coup sûr le renforcement des capacités ; cela sert à rendre la recherche sur le développement plus à même de rendre des comptes à ceux qui sont censés en bénéficier directement. Comme le note Bohman (2002:93) à juste titre, la demande de critique basée sur une grande théorie est de plus en plus rejetée en faveur d'une approche plus pluraliste, dans laquelle «la critique est vérifiée par ceux qui participent à la pratique».

Une approche ethnographique du développement peut aussi contribuer à la validation du soi-disant savoir indigène. La résistance africaine aux formes impérialistes de savoir imposées de « l'extérieur » a débouché sur un appel à une plus grande appréciation des formes indigènes de savoir « d'où est absente l'imposition coloniale et impérialiste » (George *et al.*, 2000:7). Défini comme un corpus de savoirs « accumulés par un groupe de personnes... qui, au cours de siècles de résidence continue développent une compréhension approfondie de leur lieu particulier de résidence » (Roberts 1998:59 cité dans George and Sefa 2000:71), les chercheurs en sciences sociales, utilisant des techniques ethnographiques, ont réussi à attirer l'attention du monde sur le fait que les formes « traditionnelles » de savoir et d'organisation ont contribué à la durabilité de l'environnement dans beaucoup de localités (Leach et Fairhead 2002:209). La pratique de l'ethnographie, comme méthode de recherche pluri-disciplinaire, donne des moyens d'offrir « une relecture critique des théories et interprétations occidentales et africaines en vue d'étendre les possibilités futures de production de savoirs » (Moore 1996:5). Par exemple les ethnographes peuvent mettre en avant la signification et le comportement des « sujets » pour ce qui concerne les pratiques de développement (notez les guillemets), tout en allant au-delà d'une approche interprétative confinée aux « systèmes de signification » (Fay 1996:127) opérationnels dans un contexte donné en menant une analyse multi-niveau prenant en compte le savoir local. En outre, alors que les approches de bas en haut du développement (par opposition aux politiques de développement autocratiques, de haut en bas) sont devenues plus populaires depuis les années 1990, les ethnographes sont particulièrement bien placés pour étudier aussi bien le « haut » que le « bas » en s'entretenant avec les élites des structures dirigeantes et en examinant les pratiques organisationnelles.

Situer le local dans le global : Ce que les gens peuvent généralement « faire » dépend en partie de leur situation dans les structures sociales (Harding 2003:296). L'un des principaux avantages d'une analyse ethnographique multi-niveau est qu'une prise en compte des macro facteurs qui constituent une contrainte au développement, comme certaines politiques agricoles des nations industrialisées et/ou le fardeau du service de la dette des pays africains, peut être intégrée avec une prise en compte des micro facteurs tels que la nature sexuée du travail, les contraintes sur la prise de décisions individuelle et communautaire, les structures de classes locales, et les différents accès aux ressources, ainsi que l'environnement physique. Gardner et Lewis (1996:18) insistent sur le fait que bien qu'il soit important « d'analyser les structures qui perpétuent le sous-développement... nous devons aussi reconnaître le rôle de l'individu pour ce qui est de la survie dans des conditions difficiles ». En particulier, pour ce qui est de l'exploration des questions de développement et les réponses locales à des conditions économiques difficiles, situer le local dans le global devient essentiel en tant que moyen d'approcher les réponses hétérogènes à la mondialisation sur le terrain. Alors que Moore (1996:2) soutient que l'une des conséquences du « déploiement d'histoires grandioses et de théories totalisantes » concernant les sciences sociales a été « un appel à aller vers le spécifique, vers le local » ; James Peacock (2002:65) demande instamment aux ethnographes de penser et agir aussi bien localement que globalement. Comme toujours, la conduite de la recherche reste ainsi un mouvement prudent de balancier entre théorie et action, politique et pratique, engagement et désengagement, association et dissociation, spécificité et comparaison. Je crois qu'une description grossière et un contexte riche ne devraient pas être incommensurables avec une approche comparative à l'étude de différents plans de développement à travers l'Afrique. Malheureusement, à cause des contraintes de longueur de cet essai, il m'a été impossible d'insister davantage sur les autres éléments d'une ethnographie critique tels que la prise de conscience des problèmes de pouvoir ; l'audace d'affronter la complexité ; l'attention portée au discours et l'ouverture à la critique dont j'ai parlé au tout début, bien que j'aie implicitement brossé ces points. Les nouveaux développements dans l'écriture ethnographique tels que l'expérimentation avec différentes formes narratives (Van Maanen 1988) ou l'utilisation de styles et niveaux multiples d'analyse (Marcus 1998) constituent une preuve des tentatives d'adaptation des pratiques de l'ethnographie aux exigences postmodernes de production de savoir. Bien que n'ayant pas le même degré de réussite, je crois que certaines de ces mesures pourraient permettre aux ethnographes de mieux s'occuper des questions de développement de l'Afrique.

Conclusion

La recherche sociale n'est pas toujours populaire chez les décideurs politiques à cause de la focalisation des chercheurs en sciences sociales sur la complexité, la variabilité et l'indétermination des phénomènes sociaux réels et de leurs propres interprétations de ces phénomènes, ce qui les fait hésiter à proposer des solutions concrètes. Cependant, Fay (1996:236) met l'accent sur trois aspects critiques des sciences sociales qui illustrent leur utilité pour les populations : amélioration des possibilités de commu- nication en permettant aux populations d'engager le dialogue ; accroissement de la connaissance de soi à travers la connaissance des autres ; et l'élargissement de l'imagination par l'extension de la connaissance au-delà du familier. Présentés ainsi, les arguments de Fay font écho à la conception traditionnelle de l'ethnographie en tant que méthode qui possède « le potentiel de médiation, de compréhension et de résolution des points essentiels des conflits de culture en expliquant les possibilités d'incompréhension et en proposant des...résolutions » (Chambers 1985:176). Mais comme je l'ai montré dans ce document, tous ces éléments ont été problématisés à un certain degré. Au lieu que l'ethnographe joue le rôle de courtier culturel créateur de dialogue entre de puissantes organisations et des sujets passifs, les populations locales sont de plus en plus considérées comme des partenaires de recherche actifs dans les plans de développement, bien qu'il y ait des variations dans la façon dont la pratique correspond à la théorie. En outre, la dialectique des rapports entre soi et les autres a été déconstruite car les ethnographes ne s'occupent pas seulement des peuples culturellement distants, mais tournent aussi leur attention vers eux-mêmes pour étudier leurs « propres » sociétés (Marcus 1998). Cependant, certaines qualités traditionnelles de l'ethnographie conservent leur valeur. Un exemple en est la dichotomie intérieur-extérieur qui met l'accent sur l'importance de prendre en compte de perspectives multiples lorsqu'on mène de la recherche de développement : faire de la recherche « intérieure » tout en approchant simultanément la question « de l'arrière », « par en dessous » ou « de l'extérieur », afin d'obtenir la distance qu'on estime nécessaire pour la critique sociale orientée vers l'action. Les ethnographes peuvent donc contribuer à la pensée et à la pratique du développement, « aussi bien en travaillant au développement qu'en fournissant une explication critique du développement » ainsi que le proposent Gardner et Lewis (1996:25).

Je soutiens que bien que la réévaluation de la production de savoir soit essentielle, une telle autocritique ne devra jamais faire perdre de vue l'importance du développement de cadres conceptuels en vue de la recherche pour le développement qui soient anti-essentialistes, ou la valeur de l'adhésion à des codes éthiques soigneusement construits. La recherche peut mener à un accroissement de pouvoir pour tous les participants si on accepte l'affirmation de James Bohman's (2003:92) selon laquelle en transformant l'enquête sociale reflexive en savoir pratique, les sciences sociales permettent aux agents d'acquérir le type de savoir nécessaire pour l'action sociale efficace et la liberté dans le monde social. J'ai décidé de me focaliser sur l'ethnographie à cause de ma familiarité avec la méthode de recherche et ma ferme conviction que le développement devrait prendre en compte les compréhensions locales et être basé sur la capacité des populations locales à générer et à appliquer leurs propres savoirs (George and Sefa 2000:80). Une telle approche n'élimine pas les problèmes relatifs à la sélectivité, à la perspective, aux présomptions, à l'exclusion de certaines voix, etc., mais elle laisse de la place à l'examen de perspectives multiples concassées et réduites à une analyse fine qui se poursuit sur une certaine période. Il est également essentiel d'adopter une vue comparative à l'intérieur des pays africains et entre eux afin de prévenir la fragmentation de la recherche. Bien que faisant attention au discours émergent sur le développement, entre gouvernements africains, organisations non gouverne- mentales, bailleurs de fonds, initiatives locales, la focalisation sur ce qui apparaît dans l'action a toujours été essentielle à la recherche sur le développement menée par les ethnographes (Grillo 1997). Le courant postmoderne a mis en lumière des questions clé qu'une approche flexible au développement devrait pouvoir intégrer. Il est vrai qu'il n'existe pas de théories unitaires du développement ou de stratégies à toute épreuve ; cependant, je ne crois pas que la recherche d'un renforcement des capacités à travers l'expansion de possibilités de production de savoir sur le développement est dépassée. Diverses méthodes de recherche sociale telles que les enquêtes, l'analyse de contenus et les enquêtes qualitatives ont fait la preuve qu'elles peuvent permettre d'avoir des aperçus précieux sur les questions de développement lorsqu'elles sont bien posées. Dans ce court essai, je suis bien consciente du fait que je ne peux pas beaucoup dire. Je n'ai pas abordé les facteurs qui découragent l'adoption d'une approche ethnographique du

développement (Pottier 1993) et l'examen d'études de cas réels
sortait du cadre que je m'étais fixé.

En conclusion, il est essentiel qu'une stratégie d'action pour
la recherche future mette en avant la promotion de
l'acquisition de compétences dans le domaine de la recherche
; une théorisation rigoureuse ; des cadres explicatifs qui soient
en même temps ouverts, flexibles et adaptables à des
circonstances changeantes ; le renforcement des communautés
universitaires et de recherche ; l'amélioration des moyens de
diffusion des résultats de la recherche ; faire participer plus
d'acteurs sociaux dans les cadres de recherche ; génération de
recherche ouverte au regard du public ; révision des critères
d'adéquation et d'évaluation, etc. Au lieu de considérer
l'indétermination des phénomènes sociaux comme un
obstacle, je suis d'accord avec Bohman (1991:13) que la
reconnaissance de l'indétermination, ainsi qu'elle est mise en
avant par la pensée postmoderne, n'exclut pas la possibilité
de « cons-truire des explications riches et adéquates qui
peuvent remplir toute une série d'objectifs ». Et c'est ici que
les ethnographes et les spécialistes des sciences sociales en
général sont bien placés pour fournir de telles explications.

Références

Abrahams, J., 1997, 'Knowledge and Method', in J. Mouton and J. Muller,
    eds., *Knowledge, Method and the Public Good*, Pretoria: Human Sci-
    ences Research Council.

Babbie, E., 1998, *The Practice of Social Research*, Belmont: Wadsworth Pub-
    lishing Company.

Bernard, H.R., 1988, *Research Methods in Cultural Anthropology*, Thou-
    sand Oaks, CA: Sage Publications.

Bohman, J., 1991, *New Philosophy of Social Science*, Oxford: Polity Press.

Bohman, J., 2003, 'Critical Theory as Practical Knowledge: Participants,
    Observers, and Critics', in Turner, S.P. and Roth, P.A., eds., *The Blackwell
    Guide to the Philosophy of the Social Sciences*, UK, USA, Australia and
    Germany: Blackwell Publishing.

Burawoy, M., 2000, 'Reaching for the Global', in Burawoy, M; et al., eds.,

Global Ethnography: Forces, Connections, and Imaginations in a Postmodern World, Berkeley: University of California Press.

Bourgois, P., 2002, 'Understanding Inner-City Poverty: Resistance and Self-Destruction under U.S. Apartheid', in MacClancy, J., ed., *Exotic No More: Anthropology on the Front Lines*, Chicago: University of Chicago Press.

Chambers, E., 1985, *Applied Anthropology: A Practical Guide*, Illinois: Waveland Press Inc.

Collier, M.J., 1998, 'Researching cultural identity: Reconciling Interpretive and Postcolonial Perspectives', in Tanno, D. & Gonzalez, A., eds., *Communication and Identity across Cultures*, Thousand Oaks, CA: Sage.

De Waal, A., 2002, 'Anthropology and the Aid Encounter', in *Exotic No More: Anthropology on the Front Lines*, MacClancy J. (ed.), Chicago, University of Chicago Press.

Fay, B., 1987, *Critical Social Science*, Ithaca: Cornell University Press.

Fay, B., 1996, *Contemporary Philosophy of Social Science: A Multicultural Approach*, UK: Blackwell Publishers.

Fruzzetti, L. and Ostor, A., 1990, *Culture and Change along the Blue Nile*, Boulder, San Francisco and London: Westview Press.

Gardner, K. and Lewis, D., 1996, *Anthropology, Development and the Postmodern Challenge*, London, Chicago, Illinois: Pluto Press.

George, J., *et al.*, 2000, *Indigenous Knowledges in Global Contexts*, Toronto, Buffalo, London: University of Toronto Press.

George, J. and Sefa, Dei, 2000, 'African Development', in *Indigenous Knowledges in Global Contexts*, Toronto, Buffalo, London: University of Toronto Press.

Gingrich, A. and Fox, R.G., eds., 2002, *Anthropology, by Comparison*, London and New York: Routledge.

Goldman, L.R., ed., 2000, *Social Impact Analysis*, Oxford, New York: Berg.

Gordon, S., 1991, *The History and Philosophy of Social Science*, London and New York: Routledge.

Grillo, R.D., 1997, 'Discourses of Development: The View from Anthropology', in Grillo, R.D. and Stirrat, R. L., eds., *Discourses of Development: Anthropological Perspectives*, Oxford and New York: Berg.

Harding, S., 2003, 'How Standpoint Methodology Informs Philosophy of Social Science', in Turner, S.P. and Roth, P.A., eds., *The Blackwell Guide to the Philosophy of the Social Sciences*, UK, USA, Australia and Germany: Blackwell Publishing.

Independent Commission on Population and Quality of Life, 1996, *Caring for the Future*, New York: Oxford University Press.

International Research Network, http://www.childwatch.uio.no/ (19 September 2003).

Kellner, H., 2003, 'Literary Criticism: Social Science Between Fact and Figures', in Turner, S.P. and Roth, P.A., eds., *The Blackwell Guide to the Philosophy of the Social Sciences*, UK, USA, Australia and Germany: Blackwell Publishing.

Leach, M. and Fairhead, J., 2002, 'Anthropology, Culture, and Environment', in MacClancy, J. ed., *Exotic No More: Anthropology on the Front Lines*, Chicago: University of Chicago Press.

Letseka, M., 1997, 'Research and the Empowerment of Teachers', *Knowledge and Method*, Pretoria: Human Sciences Research Council.

Lofland, J., 1995, 'Analytic Ethnography: Features, Failings, and Futures', *Journal of Contemporary Ethnography*, 24 (1): 30-67.

MacClancy, J., ed., 2002, *Exotic No More: Anthropology on the Front Lines*, Chicago: University of Chicago Press.

Mackenzie, F., 1992, 'Development from Within? The Struggle to Survive', in D.R.F. and Mackenzie, F., eds., *Development from Within: Survival in Rural Africa*, London and New York: Routledge.

Marcus, G.E., 1998, *Ethnography Through Thick and Thin*, Princeton: Princeton University Press.

Melhuus, M., 2002, 'Issues of Relevance', in *Anthropology by Comparison*, London and New York: Routledge.

Messer, E. and Shipton, P., 2002, 'Hunger in Africa: Untangling its Human Roots', in MacClancy, J., ed., *Exotic No More: Anthropology on the Front Lines*, Chicago: University of Chicago Press.

Moore, H.L., ed., 1996, *The Future of Anthropological Knowledge*, London and New York: Routledge.

Mouton, J. and Muller, J., eds., 1997, *Knowledge, Method and the Public Good*, Pretoria: Human Sciences Research Council.

Peacock, J., 2002, 'Action Comparison: Efforts towards a Global and Comparative yet Local and Active Anthropology', in *Anthropology by Comparison*, London and New York: Routledge.

Pottier, J., ed., 1993, *Practicing Development: Social Science Perspectives*, London and New York: Routledge.

Prah, K.K., 1993, *Social Science Research Priorities for Namibia*, Eppingindust: University of Namibia and the Council for the Development of Economic and Social Research in Africa.

Schneider, J., 2002, 'World Markets: Anthropological Perspectives', in MacClancy, J., ed., *Exotic No More: Anthropology on the Front Lines*, Chicago: University of Chicago Press.

Stern, D.G., 2003, 'The Practical Turn', in Turner, S.P. and Roth, P.A., eds., *The Blackwell Guide to the Philosophy of the Social Sciences*, Oxford UK, Cambridge USA, Australia and Germany: Blackwell Publishing.

Taylor, D.R.F., 1992, 'Development from Within and Survival in Rural Africa: A Synthesis of Theory and Practice', in Taylor, D.R.F. and Mackenzie, F., eds., *Development from Within*, London and New York: Routledge.

Turner, S.P. and Roth, P.A., 2003, 'Ghosts and the Machine: Issues of Agency, Rationality, and Scientific Methodology in Contemporary Philosophy of Social Science', in Turner, S.P. and Roth, P.A., eds., *The Blackwell Guide to the Philosophy of the Social Sciences*, UK, USA, Australia and Germany: Blackwell Publishing.

Turner, T., 1994, 'Anthropology and Multiculturalism: What Is Anthropology that Multiculturalists Should be Mindful of It?', in Goldberg, D.T., ed., *Multiculturalism: A Critical Reader*, Oxford UK and Cambridge USA: Blackwell.

Van Maanen, J., 1988, *Tales of the Field*, Chicago: University of Chicago Press.

Wangoola, P., 2000, 'Global Ethnography', in Burawoy, M., et al., eds., *Global Ethnography* Berkeley, Los Angeles, London: University of California Press.

Wicker, H.R., 1997, 'From Complex Culture to Cultural Complexity', *Debating Cultural Hybridity*.

Libération ou oppression ? les sciences sociales, la politique et le contexte postcolonial

Ingrid Palmary

Introduction

Les Kenyans ont le sourire
Les Zaïrois ont le sourire
Car la discrimination a été vaincue
Apartheid, tu m'as asservi
Car tu as dit que l'anthropologie rend esclave
Or, l'anthropologie libère les peuples
Apartheid, tu as fait de la discrimination à mon égard
Car tu as dit que l'anthropologie fait de la discrimination
Or, l'anthropologie unit les peuples
Apartheid, tu m'as ramené en arrière car tu as dit que
l'anthropologie fait reculer
Or, l'anthropologie fait progresser les peuples[1]

Cet article réfléchit sur le rôle qu'ont joué les sciences sociales dans le développement politique, économique et social du continent africain. Tout comme les mots du poète laudateur ci-dessus, il reflète les points de vue variés et parfois contradictoires sur la valeur des sciences sociales pour l'Afrique. J'ajouterais, cependant, que les mots ambivalents du poète, loin d'être exclusifs à l'anthropologie, peuvent s'étendre à toutes les sciences sociales, y compris aux études sur le développement, à la sociologie et à la psychologie. Pour réfléchir sur la nécessité et la pertinence des sciences sociales pour l'avenir, il faut réfléchir sur leur valeur sociale. Je soutiendrai que les sciences sociales ont été centrales à la libération de l'Afrique du colonialisme et à sa lutte continue contre l'oppression, les conflits et l'inégalité économique. C'est là un rôle que les sciences sociales peuvent continuer à jouer, en s'attaquant de façon critique aux structures et systèmes politiques émergeant de la démocratisation de l'Afrique en cours, et en s'écartant d'avantage de son passé colonial. Je soutiendrai aussi, cependant, que les sciences sociales ont été centrales au développement de pratiques racistes et oppressives sur le continent africain. Ce fait est déjà assez bien documenté ; toutefois, ce qui est moins bien reconnu, c'est que loin d'être un phénomène d'un passé colonial, la science sociale continue de produire de la recherche et de la théorie sociales qui favorisent des pratiques racistes, sexistes et autres pratiques oppressives. Je soutiens que ce résultat, du moins en partie, vient du fait que les chercheurs et les théoriciens sociaux n'ont pas anticipé et ne se sont pas attaqués de façon critique à l'environnement politique dans lequel leur recherche est produite et reproduite et à la façon dont les modèles de continuité et de changement des systèmes de domination émergent sur le continent. Dans ce sens, la science sociale est un outil puissant qui, souvent implicitement, mais parfois assez explicitement, reste un moyen de justification de l'inégalité continue. J'argumenterai sur ce point en examinant une étude de cas succincte de la xénophobie en Afrique du Sud. Cet exemple illustrera mon argument selon lequel sans une science sociale réflexive critique et politiquement engagée, nous risquons de justifier de nouvelles expressions de l'oppression. J'ai choisi cet exemple parce qu'il souligne comment le fait de ne pas reconnaître que de nouvelles formes de préjugés que l'on ne peut pas facilement comprendre dans les binaires traditionnels de la colonisation (noir / blanc, masculin / féminin) émergent en Afrique du Sud (et de fait, à travers le continent) peut laisser le champ libre au racisme scientifique. Il met également en relief la difficulté qu'éprouvent de nombreux spécialistes en sciences sociales à produire une pratique utile et pertinente, et combien il est difficile de prévoir à l'avance l'utilisation qui sera faite de la recherche sociale. La relation entre recherche sociale, théorie sociale, politique et perceptions populaires est complexe. Elle est rarement (probablement jamais) causale, l'une s'imbriquant parfaitement dans l'autre, et nous ne pouvons pas toujours anticiper de quelle façon notre recherche et notre théorie seront utilisées. Pour que les sciences sociales soient nécessaires pour l'avenir, cette complexité doit être abordée de façon plus explicite et nous devons être capables d'adapter les discours populaires et la politique, d'en tirer des enseignements et de les influencer.

Par conséquent, je soutiens que la nécessité des sciences sociales dépend de l'usage politique qu'on en fait et des possibilités de développer une science sociale capable de s'attaquer aussi bien aux pratiques continues d'inégalité et d'oppression sociales qu'aux modèles changeants de marginalisation, à mesure qu'ils se manifestent à travers le continent. Cette affirmation appelle des explications car la science sociale ne peut pas être automatiquement tenue pour être une force de progrès, de « développement » et d'égalité accrue en Afrique. Elle a été par le passé utile à des fins oppressives et libératoires, et, comme je l'expliquerai plus loin, on ne sait pas toujours très bien dès le départ à quelle fin elle servira au bout du compte. À vrai dire, les intentions et le positionnement politique du spécialiste en sciences sociales sont souvent bouleversés par la manière dont sa recherche est abordée, comme le montrera l'étude de cas ci-après.

Les sciences sociales : une pratique libératoire ?

Pour que le développement ait un sens, il semblerait en surface que recherche sociale et politique d'intérêt publique ne doivent pas être trop éloignées l'une de l'autre ; que l'une doive emprunter à l'autre. L'une ne peut vraisemblablement pas se passer de l'autre et elles doivent être considérées comme les deux facettes du même problème (Olurode 1998).

Les sciences sociales peuvent-elles être une pratique libératoire, qui les rendra nécessaires pour que l'Afrique se remette de l'ère coloniale ? Ou, tout aussi important peut-être, ont-elles déjà joué ce rôle dans le passé ? Plusieurs auteurs soutiennent que, loin d'être simplement des artéfacts coloniaux, les sciences sociales ont et continuent d'avoir une contribution en Afrique et sont donc nécessaires pour le continent postcolonial (Guyer 1999). En effet, Vilikazi (2001:75) va jusqu'à suggérer que ce soit le devoir des spécialistes en sciences sociales de jouer ce rôle :

> Nous les intellectuels africains, nous avons tort d'accuser les chefs d'État africains de ne pas faire avancer l'Afrique, quand nous-mêmes, nous n'avons pas fait notre devoir préalable, à savoir, formuler, débattre et rendre public un paradigme de développement convainquant, centré sur l'Afrique, que ces dirigeants peuvent utiliser pour faire avancer le continent.

Il poursuit en argumentant en faveur de l'extension de la recherche sociale, pour que ce nouveau paradigme de développement puisse émerger. À n'en pas douter, il s'agit là d'un point de vue qui perçoit le potentiel des sciences sociales pour débarrasser le contexte africain de son histoire de pauvreté—même si, plus d'une fois, nous n'avons pas réussi cette tâche.

Si nous considérons l'histoire de la recherche africaine, il est clair qu'à certains moments, les sciences sociales ont joué un rôle important dans les luttes pour l'équité, notamment les luttes anti-coloniales à travers le continent. Parlant des intellectuels des années 1950 et 1960, Vilikazi (2001:75) affirme que « cette communauté voulait changer le monde non seulement en pratique, mais aussi, sur le plan de la pensée. Nous croyions très fort qu'en pratique, le changement du monde devait aller de pair avec le changement du monde de la pensée ». Cette idée n'était pas l'exclusivité de cette époque : en 1953 déjà, alors que l'Afrique était toujours plongée dans les conquêtes coloniales, Myrdal affirmait que « les sciences sociales ont toutes reçu leur élan beaucoup plus de la forte envie d'améliorer la société que de la simple curiosité au sujet de son fonctionnement » (cité dans Uchendu 1978:7). Ainsi, même au plus fort de la colonisation, il y a la preuve de l'existence d'un corpus de recherche sociale engagé vis-à-vis d'une plus grande égalité et de l'émancipation. En effet, Uchendu (1978) considère les sciences sociales comme essentielles pour annuler les effets de la colonisation, et l'information comme l'un des définisseurs des sociétés modernes. Olurode (1998) aussi soutient que « pour que la science sociale soit pertinente [cependant] il urge que les praticiens de la profession soient impliqués dans la lutte réelle pour provoquer un changement démocratique concret et durable » (p.138). Dans le même ordre d'idées (et plus récemment) Nuttall et Michael (1999:55) affirmaient que « ... ceux qui s'engagent dans des études culturelles émergentes [et] dans des sciences sociales et humanités transformatrices en général, contribuent à l'édification d'une culture de la démocratie dans la nouvelle nation ».

En effet, le potentiel des sciences sociales à provoquer des changements radicaux de notre conceptualisation du monde a été prouvé dans la façon dont les détenteurs du pouvoir ont souvent cherché à les réglementer. Olurode (1998) documente comment au Nigeria, en 1978, le gouvernement militaire de l'époque avait interdit aux conférenciers de discuter de politique et, de nouveau en 1985, les a mis en garde contre l'utilisation des conférences pour des activités « antisociales » qu'il interprète comme l'enseignement d'idées radicales. Le ciblage des universités et autres centres d'apprentissage à cause de leur potentiel à remettre en question le statu quo a été tout aussi fréquent dans d'autres pays et est révélateur de la relation, aussi complexe soit-elle, entre théorie sociale, recherche et changement social.

Dans le même ordre d'idées, en dépit de la nature parfois controversée de certains de ses écrits, peu d'auteurs pourraient rivaliser avec l'exposition de la violence coloniale par Frantz Fanon ou son implication dans la révolution émergente en Afrique. Il est difficile d'écarter de tels écrits comme étant non pertinents ou inutiles. En effet, Dane (1994:72) affirme que « Fanon est performant dans au moins six rôles : auteur de biographies politiques, philosophe politique, spécialiste en sciences sociales, théoricien révolutionnaire, utopiste et voix de la réforme éthique ». Cela fait allusion à un défi posé à tous les spécialistes en sciences sociales engagés dans la recherche en Afrique postcoloniale, que nous examinerons avec plus de détails plus loin. C'est-à-dire que pour que la discipline soit pertinente pour les préoccupations de l'heure en Afrique postcoloniale, elle a besoin au moins d'une approche interdisciplinaire et à multiples facettes, qui soit aussi significative, et au plus, d'un rejet total des méthodes et concepts actuels.

Par ailleurs, on s'est servi des sciences sociales pour remettre en question les préjugés actuels qui se sont étendus au-delà de projets coloniaux spécifiques. Peu de gens pourraient soutenir que le mouvement féministe / des femmes en Afrique qui, comme dans d'autres contextes, a été enraciné dans la relation entre recherche, théorie critique, activisme et politique, n'a pas eu d'effet positif sur les femmes africaines. Par exemple, les féministes ont mis en question le rôle que les

nationalismes africains naissants ont joué dans la légitimation
du contrôle violent exercé sur le corps des femmes, comme
en témoigne l'utilisation du viol comme stratégie de guerre et
la destruction symbolique des appareils de reproduction
féminins (Malkki 1995). Ces féministes ont mis en relief la
façon dont le contrôle de la reproduction a été central pour
les projets nationalistes et coloniaux et ont permis de remettre
en question leur propre représentation coloniale qualifiés
politiquement passifs, aussi bien par les pouvoirs coloniaux
que post-coloniaux (Fenster 1998 ; Mama 2001).

   Nous voyons également dans la littérature dans quelle
mesure la méthodologie intervient dans ces débats. Mafeje
(1998) fait remarquer combien la recherche émanant du Sud
a été utile pour son attaque contre l'ethnocentrisme européen
et le mouvement en faveur du développement d'une science
sociale plus indigène, tant au plan conceptuel que
méthodologique. Cela n'est pas différent des défis posés par
les femmes du Sud au féminisme occidental et à ses
déclarations essentialisantes au sujet des « intérêts des femmes
», qui ont hégémonisé le tiers-monde (Pearson et Jackson 1998
; Cook et Kothari 2001). Dans le même ordre d'idées, les défis
du féminisme au nationalisme nous ont rappelé que les images
romantiques d'une période pré-coloniale n'ont pas été moins
violentes dans leur écriture de l'identité que les pouvoirs
coloniaux qui pratiqu(ai)ent la domination au nom du
développement. Ainsi, bien que les exemples ci-dessus
montrent que les sciences sociales ont toujours eu un rôle à
jouer dans les luttes anticoloniales au niveau macro, et aussi
dans de plus nombreuses luttes au niveau micro, il y a un
mécontentement extrême dans la littérature postcoloniale et
il devient clair que d'importants changements sont nécessaires
pour que les sciences sociales demeurent pertinentes pour les
besoins africains (Mafeje 1998 ; Cook et Kothari 2001 ;
Mohanty 1991). Certains écrivains ont soutenu que les

sciences sociales en Afrique sont essentielles pour la libération de soi et la connaissance de soi, tandis que d'autres les rejettent en bloc comme intrinsèquement racistes et anti-africaines.

Ndebele (cité dans Nuttal et Michael 1999) plaidait en faveur de l'importance d'une histoire par le bas, qui nécessiterait que nous reconsidérions ce que nous acceptons comme connaissance et reconnaîtrait davantage les formes populaires de connaissance. Nuttal et Michael (1999) soutiennent que depuis l'avènement de la démocratie en Afrique du Sud, vers 1991, il y a eu un espace de plus en plus fluide entre le travail des universités et le travail de la presse écrite. En outre, de nouvelles disciplines comme les études culturelles axées sur l'étude des identités marginalisées ont fait leur apparition. Ces auteurs illustrent jusqu'à quel point le contexte social dans lequel nous travaillons peut, du moins en partie, influencer la mesure dans laquelle notre travail peut être considéré comme radical. D'autres défis aux institutions des sciences sociales ont inclus la recherche de plus en plus importante effectuée par les Ong qui, dans certains cas, a eu pour effet le renforcement du lien entre recherche et activisme.

Chacune de ces critiques est complexe et fait l'objet d'un débat continu. À mesure que notre pratique se développe dans la période postcoloniale, de nouvelles formes de discrimination, d'inégalité et d'oppression émergent—et sont en fait justifiées par la recherche qui se veut radicalement différente de la recherche coloniale. Ainsi, le défi à présent est de savoir comment subvertir les notions grossières et figées d'identité qui sont centrales aux projets coloniaux, et repenser la manière dont la race, l'ethnicité et le genre fonctionnent dans le contexte postcolonial. En réalité, pour que les sciences sociales demeurent pertinentes pour l'avenir, ces débats sont peut-être l'une des activités les plus importantes dans lesquelles nous pouvons nous engager. Par conséquent, je les examinerai plus en détails dans la section qui suit.

Les sciences sociales : une pratique oppressive ?

Traditionnellement, les sciences sociales ont été un outil de mesure de la différence, et surtout un des plus quantitatifs. À ce titre, elles ont développé des systèmes de classification et de codage du monde (Bless and Kathuria 1993). Ces classifications et divisions ont été tenues pour des observations objectives de catégories sociales existantes, une conviction qui a nui à la réflexion critique sur le rôle possible de la recherche dans la co-construction de tels abîmes sociaux. Cependant, plus récemment, la notion d'une science sociale qui observe et documente le monde a été mise en doute. L'on a avancé l'argument convainquant selon lequel loin de décrire simplement le monde, les sciences sociales construisent, créent et imposent la différence, et que les types d'interprétation qui émergent de la recherche en sciences sociales ne peuvent pas être compris en dehors du contexte social et politique dans lequel nous travaillons. C'est le positionnement des spécialistes en sciences sociales dans leur réalité politique et sociale qui influence leur récit du monde. Par exemple Mamdani (2001), dans sa recherche sur le conflit dans la région des Grands Lacs, indique comment l'une des premières pièces de la recherche sociale coloniale dans la région montrait que les Tutsis étaient plus grands de près de dix centimètres que les Hutus. Il poursuit en illustrant comment ce sont ces premières formes de recherche qui ont été utilisées pour suggérer des différences historiques et ethniques entre les deux groupes. Bien qu'il y ait des débats sur la question de savoir si les notions de hutu et de tutsi existaient avant la colonisation, il est évident que le statut politique de ces identités a été déterminé par la recherche sociale coloniale, qui leur a aussi donné une signification politico-historique (Mamdani 2001). Ainsi, les sciences sociales ont été utilisées pour légitimer des pratiques d'inégalité et d'exclusion qui servaient les intérêts ultimes des colonisateurs. Loin de se limiter à cet exemple extrême, la catégorisation sociale et la documentation de catégories sociales ne peuvent jamais être politiquement neutres. Les catégories que nous trouvons sont déterminées par ce que nous nous attendons à trouver, notre compréhension actuelle du monde ainsi que le but particulier pour lequel elles sont documentées.

Non seulement les sciences sociales ont classé le monde de façon à faciliter le régime colonial, mais aussi, elles n'ont pas contesté les classements racial, sexuel et nationaliste qui ont été développés à travers les mouvements et le discours populaires. À travers les cahiers de recherches anthropologiques et les interviews sociologiques, des identités sociales mythico-historiques ont été traitées de nouveau comme un fait, sans aucune critique. Par exemple, dans les années 1940, les responsables de la politique d'apartheid pouvaient facilement s'inspirer des études sur le développement en tant que domaine naissant de la recherche sociale, en raison de leur perpétuation des constructions raciales. Ainsi, les études de développement sont devenues utiles pour justifier l'expulsion des Noirs africains de leurs terres, et pour les formes de ségrégation raciale. En outre, elles sont intervenues à une époque où des théories de supériorité raciale communément exprimées faisaient l'objet de critique, fournissant ainsi aux acteurs de l'apartheid un langage politiquement correct, ainsi qu'une justification apparemment logique et basée sur la recherche, pour poursuivre les politiques de « développement séparé » (Tapscott 1995). Des statistiques ont été produites pour montrer que, tandis que les Sud-Africains blancs avaient un statut d'industrialisés, les Sud-Africains noirs avaient un statut de tiers-mondistes. En conséquence, les buts déclarés du « développement séparé » devaient « développer des peuples différents dont bon nombre sont encore au commencement du long chemin qui mène à la démocratie et à l'autogestion économique et technologique

» (Bantu Investment Corporation 1975:11, cité dans Tapscott 1995). Loin d'être la seule discipline à avoir des préjugés, l'anthro-pologie, la psychologie et d'autres disciplines apparentées ont été également mises à contribution comme preuve du traditionalisme de la société africaine pour davantage légitimer de telles pratiques. Ainsi, en assumant que les classifications raciales de l'apartheid sont justes, sans réfléchir sur leur production historique et sociale, la recherche en sciences sociales pouvait être utilisée pour justifier l'oppression politique et économique au nom du « respect de la culture ».

Naturellement, il est trop facile, avec le recul, d'examiner de façon critique le rôle des sciences sociales dans la promotion du projet de colonisation et d'apartheid en Afrique. De la sorte, les façons plus subtiles, involontaires et moins visibles dont les sciences sociales ont été impliquées dans le renforcement des divisions et des inégalités sociales ne sont pas mises en question, de même que la manière dont certains chercheurs africains ont perpétué cette approche de la recherche sociale. À titre d'exemple, Mohanty (1991) déplore le fait que dans leurs études des rapports sociaux de genre en Afrique, les femmes du tiers-monde se sont souvent appropriées les méthodes et conclusions des chercheurs coloniaux (Mohanty 1991). Dans le même ordre d'idées, en Afrique et dans le monde, les femmes ont parfois été à l'avant-garde des mouvements fondamentalistes qui ont marginalisé d'autres groupes de femmes (Sahgal et Yuval-Davis 1990). Par ailleurs, la recherche féministe a, dans certains cas, reproduit des notions sexistes de femmes faibles et totalement dénuées de pouvoir, en cherchant des preuves dans des contextes particuliers et les généralisant ensuite à toutes les femmes (Mohanty 1991). Ainsi, supposer qu'il suffit simplement que la science sociale soit conduite à partir de l'Afrique ou par des Africains ne suffit pas pour mettre sérieusement en question les systèmes d'inégalité sur le continent. Dans ce contexte, le féminisme africain a été largement utile en mettant en évidence le besoin de se concentrer sur la manière dont les intérêts « africains » sont formés, par qui et dans quel contexte (Molyneux 1998). Loin de saper la nature oppressive des sciences sociales, ce qui a souvent émergé, ce sont des changements superficiels qui entraînent de nouvelles formes d'essentialisme (c'est-à-dire l'hypothèse que les femmes africaines sont toutes les mêmes) au lieu d'une critique de l'histoire de nos systèmes de classification. C'est cette erreur dangereuse qui a permis au Dr Buthelezi, ministre de l'Intérieur sud-africain et dirigeant du Inkatha Freedom Party, de dire, en 1999, que « le développement séparé » n'est pas forcément un problème, à condition qu'il ne soit pas imposé par les Européens.

En effet, nous sommes tous des Africains, filles et fils de l'Afrique. Je considère fortement que les Afrikaners sont une véritable nation africaine. Par conséquent, notre discussion sur l'autodétermination doit trouver ses propres paramètres africains et doit se départir des notions européennes préconçues. Je suis convaincu que si nous effectuons cet exercice, nous découvrirons probablement comment la notion d'autodétermination peut enrichir l'unité de l'Afrique du Sud, plutôt que de la saper. (Dans le contexte du nationalisme afrikaner, l'autodétermination fait souvent référence à la création d'un « État » afrikaner séparé (ou une zone), bien qu'il s'étende également à un autogouvernement éventuel – Note de l'auteur).

Cette déclaration est étonnamment semblable aux types de déclarations faites sous l'apartheid, qui justifiaient le système initial de « développement séparé ». Ainsi, au lieu de critiquer le fondement même de notre establishment de groupes sociaux, on les considère comme naturels et déjà constitués, ce qui laisse du champ pour d'autres actes d'oppression (Manzo 1998). C'est seulement en critiquant de telles idées que nous pourrons voir comment les mouvements des femmes rurales en Afrique du Sud ont pu être l'une des organisations phares de la campagne en faveur de la limitation des pouvoirs des chefs traditionnels. Si l'on veut que les sciences sociales demeurent pertinentes en Afrique postcoloniale, il est essentiel que nous commencions à reconnaître les multiples positions des gens et à voir de quelle manière nous pouvons commencer à subvertir (et pas simplement inverser) les catégories sociales coloniales tout en examinant comment les modèles de préjugés sont une continuation de ceux d'antan, en même temps qu'ils y sont ancrés.

Il a déjà été suggéré que même ceux qui ont les intentions les plus progressistes ont été-à une autre époque et dans un autre contexte politique—critiqués pour la manière dont leur recherche a renforcé les pratiques oppressives. La Recherche—action participative (RAP) dans le domaine des études sur le développement en est un exemple. Les approches participatives du développement ont été initialement préconisées comme une solution aux approches du sommet à la base du développement. L'on espérait qu'elles accroîtraient la participation des bénéficiaires et les pouvoirs décisionnaires des plus marginaux (Cooke et Kothari 2001). Cependant, en grande partie parce qu'elles ont été basées sur des notions romancées de communauté qui supposaient le consensus et l'homogénéité, elles ont souvent servi à renforcer les intérêts de membres déjà puissants de la communauté (Gaujit et Kaul 1998). Comme l'affirme Cleaver (2001), le savoir produit localement reflète le pouvoir local. Là encore, nous voyons comment l'absence de réflexion critique sur les catégories sociales qui sont considérées comme admises, même à un niveau tout à fait local, peut renforcer ces divisions sociales et les ancrer davantage. Dans le même ordre d'idées, à travers le continent, les luttes anticoloniales se sont déroulées sur fond de nationalisme. L'État-nation était considéré comme une entité déjà constituée plutôt qu'une imposition coloniale. Par conséquent, l'on s'attend à ce que le nationalisme justifie de nouvelles pratiques d'inégalité. L'étude de cas ci-après décrira comment ont été ainsi engendrés de nouveaux systèmes d'exclusion et d'oppression pour ceux qui n'appartiennent pas à un État-nation—par exemple les personnes déplacées de force.

Enfin, il est important de noter que même les interventions qui ont été faites sur la base d'une science sociale progressive très souvent n'ont pas réussi à changer de façon sensible les formes d'oppression qui ont persisté. Par exemple, l'accès accru des femmes au marché du travail, loin d'être libérateur, a, dans les pays de l'Afrique australe en particulier, accru leur charge de travail et les a main- tenues en situation d'exploitation dans des emplois mal rémunérés (Pearson et Jackson 1998). Nous devons donc célébrer le changement avec prudence, et examiner de plus près les changements politiques qui sont survenus. Sous cet éclairage, l'une des questions les plus importantes pour les spécialistes en sciences sociales sera le suivi permanent de la situation des femmes au Rwanda, étant donné que, depuis les récentes élections, les femmes détiennent 50 pour cent des sièges à la Chambre des communes et 30 pour cent au Sénat. L'analyse de la façon dont le sexisme se poursuit face à un parlement représentatif de la parité des sexes ainsi que des nouvelles formes qu'il revêt nécessitera une réflexion et un débat permanents chez les universitaires et les chercheurs en sciences sociales.

Les éléments oppressifs et libérateurs des sciences sociales modernes

Jusqu'ici, les exemples que j'ai présentés ont été délibérément variés. J'ai essayé de montrer que bien que les sciences sociales

aient été nécessaires pour la promotion d'une plus grande
égalité en Afrique postcoloniale et dans la lutte contre la
colonisation (et l'apartheid), les modèles continus
d'oppression et de marginalisation persistent, bien que ce soit
sous des formes nouvelles et changeantes. Les sciences sociales
n'ont pas été moins impliquées dans ces développements
qu'elles ne l'ont été dans l'instauration de la colonisation. Les
défis des sciences sociales et la relation entre sciences sociales
et mouvements sociaux ont été complexes, et l'utilisation des
sciences sociales pour justifier des actes d'oppression se
poursuit, dans ses formes involontaires comme dans ses formes
les plus patentes. L'exemple ci-dessous a pour but de donner
une illustration moderne de la manière dont les complexités
mises en évidence plus haut continuent d'affecter les sciences
sociales dans leur engagement avec les mouvements sociaux
de toutes sortes. Il est délibérément spécifique, compte tenu
des exemples vastes et généralisés évoqués plus haut.

Étude de cas sur la xénophobie en Afrique du Sud

Il est ressorti de la plupart des travaux de recherche que les
Sud-Africains croient généralement que les étrangers viennent
en Afrique du Sud à cause de sa richesse par rapport au reste
du continent, pour y chercher de meilleures perspectives
d'emplois (HSRC et ISS 1996 ; Harris 2001). Il y a eu
également un sentiment commun d'augmentation perçue des
taux de criminalité, du chômage et de l'immigration récente
(après 1994) en Afrique du Sud (Crush et Williams 2003 ;
Palmary 2002). C'est là une série de déclarations très
complexes qui doit être éclatée relativement à l'information
que nous détenons sur la migration, la criminalité et les
possibilités économiques. C'est ce que je vais faire en
examinant les relations entre recherche sociale et
compréhension populaire de l'immigration en Afrique australe.

Au milieu des années 1990, le Human Sciences Research Council (HSRC) a publié un rapport qui, entre autres, déclarait que l'Afrique du Sud compte de manière permanente entre 2,4 et 4 millions de sans-papiers. Ce rapport a été largement cité (et en fait, souvent exagéré) en particulier par la police qui s'en est servi pour légitimer des pratiques policières répressives telles que l'« Opération Crackdown » au cours de laquelle plusieurs personnes sont arrêtées sur simple soupçon de présence irrégulière dans le pays. Cette opération est largement publiée dans la presse locale comme une activité de prévention du crime, comme l'illustrent les deux extraits suivants :

> Un total de 31 immigrants soupçonnés d'être en situation illégale ont été arrêtés au cours des descentes policières, et des drogues d'une valeur de 70 000 rands ont été saisies (*The Star*, 6 février 2002).

> Vingt-six (26) autres véhicules volés, évalués à 680 000 rands, 271 kg de câble en cuivre et de dagga dont la valeur marchande est de plus de 46 000 rands ont été également saisis. Parmi les personnes arrêtées, 391 sont des immigrants clandestins (*SAPA* 26 mai 2000).

La recherche effectuée auprès de la police métropolitaine de Johannesburg indique que 30 pour cent des agents étaient convaincus que les délits sont commis par des étrangers (Palmary 2002). L'affirmation que les délits en Afrique du Sud sont essentiellement le fait d'« Immigrants clan- destins » a été perpétuée aux plus hauts niveaux du gou-vernement et en fait, par le ministère chargé de l'immigration lui-même. Cette conviction que les étrangers (supposés pour la plupart être en situation irrégulière) sont responsables des délits est largement fondée sur l'affirmation que les autres Africains sont plus pauvres que les Sud-Africains et sont, par conséquent, plus susceptibles de devenir des criminels.

Depuis, ce rapport a été officiellement retiré par le HSRC
à la source (Orkin 2002 cité dans Crush et Williams 2001 ;
HSRC Review 2003). Malgré cela, on a continué à l'utiliser.
Réagissant à l'utilisation continue de ces chiffres bien qu'ils
aient été retirés, en 2003 le HSRC a déclaré de nouveau que
l'étude avait été retirée principalement parce que la
méthodologie utilisée avait donné des chiffres largement
surestimés (*HSRC Review* 2003). La méthodologie avait
consisté à demander aux Sud-Africains combien d'immigrants
clandestins vivaient à côté d'eux. Cela n'explique pas le fait
que plusieurs familles différentes identifient les mêmes «
immigrants clandestins » ou la probabilité que peu de Sud-
Africains connaissent la différence entre les catégories
d'immigrants et tendent à considérer tous les étrangers comme
des immigrants clandestins. Outre la reconnaissance du fait
que cette recherche était basée sur une méthodologie
imparfaite, le gros de la recherche sociale sur les migrations
en Afrique du Sud ne soutient pas cette idée d'immigration
clandestine à grande échelle et son rapport avec le grand
banditisme. La recherche effectuée par Lawyers for Human
Rights au centre de rapatriement de Lindela en dehors de
Johannesburg a montré qu'un cinquième des personnes se
trouvant dans le centre d'expulsion de Lindela étaient en fait
des Sud-Africains à qui on n'avait pas laissé la possibilité de
montrer leurs pièces d'identité (Human Rights Watch 1998).
Ainsi, les arrestations massives d'immigrés sans papiers sont
probablement simplement fondées sur des arrestations sans
discernement de toutes les personnes qui n'ont pas « l'air »
d'être des Sud-Africains. De surcroît, en dépit des déclarations
des services de police sud-africains selon lesquelles les
immigrants clandestins sont largement impliqués dans la
criminalité, leurs propres statistiques indiquent qu'entre 81
pour cent et 99 pour cent de l'ensemble des délits en Afrique
du Sud ont été commis par des Sud-Africains, selon la nature

des délits (CIAS 1998). De même, la recherche effectuée par le Southern African Migration Project indique que, loin des personnes qui immigrent en Afrique du Sud pour trouver un emploi, les modèles de migration à travers l'Afrique australe sont circulaires, souvent basés sur le commerce informel entre les pays et résultent rarement en des emplois rémunérés (Crush et Williams 2003). Bien que le gros de la recherche contredise les déclarations faites dans les médias par le ministère de l'Intérieur et par les divers services de police, aucune de ces recherches n'a été utilisée, et le rapport du HSRC devenu infamant continue d'être cité—à la plus grande déception des spécialistes en sciences sociales (et particulièrement ceux du HSRC).

En plus d'un usage très sélectif de la recherche, les statistiques et autres résultats « objectifs » de la recherche sont parfois cités sans autre indication claire de leur source ou de l'existence effective de recherche appuyant ces affirmations. Par exemple, l'ancien directeur des Affaires intérieures de l'ANC a déclaré en 2002 :

> environ 90 pour cent des étrangers qui sont en Afrique du Sud avec de faux papiers, que ce soit des papiers de nationalité ou d'immigration, sont impliqués dans d'autres délits également... Il est plus facile d'accuser ces criminels de détention de faux papiers et ensuite de les expulser, que de suivre le long processus concernant les autres délits qui sont commis (cité dans Crush et Williams 2003).

Discussion

Cet exemple met en exergue la difficulté d'établir la nécessité des sciences sociales en Afrique. Il reflète à maints égards le débat sur leur potentiel oppressif. D'abord, il illustre comment, très souvent, la recherche sociale ne trouve pas sa voie dans les politiques d'intérêt public et les perceptions populaires. Et lorsqu'elle trouve sa voie, c'est souvent parce que cela convient aux intentions de ceux qui l'utilisent, plutôt que parce que c'est de la recherche crédible et de bonne qualité. La déclaration de Crush (1995) selon laquelle le pouvoir décide de ce qui devient le savoir et de ce qui ne le devient pas, trouve ici toute sa pertinence. Par ailleurs, la recherche produite au milieu des années 1990 connaît un regain de popularité, en raison du contexte politique changeant. En d'autres termes, un rapport produit dans les années 1990 est devenu populaire en raison de la fonction sociale qu'il peut jouer, c'est-à-dire, légitimer la police répressive à l'encontre des immigrés sans-papiers.

Par ailleurs, il y a eu absence d'analyse de la manière dont la xénophobie actuelle en Afrique du Sud est à la fois une continuation des catégories sociales construites par l'apartheid et une forme émergente de préjugé pour l'Afrique du Sud. Autrement dit, les expressions de la xénophobie puisent largement dans les stratifications sociales de l'apartheid. Lorsqu'on a demandé aux forces de police comment elles reconnaissent les « immigrants clandes-tins », la réponse la plus fréquente était : ils ont la couleur de la peau plus foncée que la plupart des Sud-Africains. De surcroît, des tests comme demander à une personne de parler une langue locale sont souvent utilisés comme indicateurs du droit d'une personne à être dans le pays. Ainsi, les catégories de l'apartheid qui classaient les gens en fonction de la couleur de leur peau continuent d'être utilisées et adaptées à des situations nouvelles. Cependant, il y a des différences claires dans la manière dont la xénophobie se manifeste. La différence la plus frappante est sans doute le fait que les Sud-Africains, noirs comme blancs, considèrent les étrangers comme une menace. Il est donc possible que de nouveaux systèmes de catégorisation sociale soient encore une fois utilisés pour maintenir le statu quo (c'est-à-dire la relative richesse perçue de l'Afrique du Sud comparativement à d'autres pays africains). Il y peu de latitude pour discuter ce genre d'analyse en Afrique du Sud, à cause de la nature saillante des catégories raciales et de l'absence d'outils analytiques pour étudier comment les Sud-Africains noirs et blancs pouvaient exprimer des sentiments xénophobes qui, dans d'autres contextes, ont été assimilés à du racisme.

La réponse des spécialistes en sciences sociales à un tel mauvais usage de la recherche a été noble, mais très inefficace. Une partie de la recherche qui contredit les théories d'immigration massive a été indiquée plus haut. Cependant, aucune n'a été citée autant que le rapport du HSRC et il y a eu peu d'espaces où les spécialistes en sciences sociales et les universitaires ont mis en doute ces stéréotypes dans des forums publics. Cette paralysie est probablement la plus grande menace à la pertinence des sciences sociales. Si nous ne sommes pas capables de nous lancer dans des débats publics, il est probable que les sciences sociales continueront tout simplement à servir à des fins répressives. En outre, il y a eu très peu de critique de l'État-nation et du fait que les frontières africaines sont elles-mêmes des impositions coloniales. Ainsi, comme précédemment décrit, la catégorisation sociale sur laquelle se fondent les préjugés reste incontestée.

Cela prouve bien qu'il est important que les spécialistes en sciences sociales en Afrique s'attaquent aux mouvements sociaux émergents et réfléchissent de façon critique sur la façon dont les sciences sociales sont abordées par de tels mouvements. Ces relations sont loin d'être simples, mais doivent être à l'avant-garde d'une science sociale utile, pertinente et nécessaire.

Conclusion

J'ai soutenu que la nécessité des sciences sociales doit être évaluée relativement à leur capacité à mettre en question les formes de discrimination et d'oppression qui sont toutes deux enracinées dans la colonisation, et en même temps, trouver de nouvelles formes d'expression souples.

Les sciences sociales sont un outil pour à la fois soutenir une telle inégalité et la mettre en question. Il est donc central que la recherche fasse l'objet de réflexions critiques, relativement au contexte politique, social et historique dans lequel elle est produite et aux intérêts qu'elle sert. Dans un tel contexte, elle peut être un outil nécessaire pour le démantèlement des institutions coloniales. En d'autres termes, les sciences sociales ne peuvent pas être célébrées comme nécessaires ou rejetées comme inutiles, sans une analyse du contexte dans lequel elles sont produites et de la façon dont elles sont utilisées. Cela reste la tâche centrale des spécialistes en sciences sociales.

Note

1. Extrait d'un poème laudatif présenté lors de la Conférence conjointe de l'Association panafricaine d'anthropologie et de l'Association for Anthropology in Southern Africa, Pretoria, Afrique du Sud.

Références

Bless, C., and Kathuria, R., 1993, *Fundamentals of Social Statistics: An African Perspective*, Cape Town, Juta.

Buthelezi, M., 1999, Speech during the International Conference on Self-Determination Organised by the Afrikaner Volkstaat Council.

CIAS, 1998, 'The Nationality of Arrestees', Pretoria.

Cook, B., and Kothari, U., 2001, 'The Case for Participation as Tyranny', in B. Cooke, and U. Kothari, eds., *Participation the New Tyranny*, London, Zed Books.

Crush, J. and Williams, V., 2001, 'Making up the Numbers: Measuring "illegal immigration" to South Africa', *Migration Policy Brief*, 3, Southern African Migration Project.

Crush J., and Williams, V., 2003, 'Criminal Tendencies: Immigrants and Illegality in South Africa', *Migration Policy Brief, 10*, Southern African Migration Project.

Dane, R., 1994, 'When Mirror Turns Lamp: Frantz Fanon as Cultural Visionary', *Africa Today, 41*(2): 70-92.

Fenster, T., 1989, 'Ethnicity, Citizenship, Planning and Gender: The Case of the Ethiopian Women in Israel', *Gender, Place and Culture, 5*(2): 177-189.

Gaujit I., and Kaul, K. S., 1998, *The Myth of Community: Gender Issues in Participatory Development*, London, Intermediate Technology Productions.

Guyer, J., 1999, 'Anthropology: The Study of Social and Cultural Originality', *African Sociological Review*, 3(2): 30-53.

Harris, B., 2001, *A Foreign Experience: Violence, Crime and Xenophobia during South Africa's Transition*, Violence and Transition Series, Johannesburg, CSVR [Available online: http://www.csvr.org.za].

Human Sciences Research Council (HSRC) and Institute for Security Studies (ISS), 1996, 'Consolidated Results of a Nation-wide Opinion Survey on Attitudes to Selected Security Issues', Pretoria.

HSRC Review, 2003, 'Figures on Illegal Immigrants Invalid', *HSRC Review*, 1(2), available online: http://www.hsrc.ac.za.

Human Rights Watch, 1998, 'Prohibited Persons: Abuse of Undocumented Migrants, Asylum Seekers and Refugees in South Africa', New York.

Mafeje, A., 1998, 'Anthropology and Independent Africans: Suicide or End of an Era', *African Sociological Review*, 2(1): 1-43.

Malkki, L. H., 1995, *Purity and Exile: Violence, Memory and National Cosmology among Hutu Refugees in Tanzania*, London, University of Chicago Press.

Mohanty, C. T., Russo, A., and Torres, L., 1991, *Third World Women and the Politics of Feminism*, Bloomington: Indiana University Press.

Mama, A., 2001, 'Challenging Subjects: Gender and Power in African Contexts', *African Sociological Review*, 5(2): 63-73.

Mamdani, M., 2001, *When Victims Become Killers: Colonialism, Nativism and the Genocide in Rwanda*, Princeton: Princeton University Press.

Manzo, K., 1998, 'Black Consciousness and the Quest for a Counter-modernist Development', in J. Crush ed., *The Power of Development*, London, Routledge.

Nuttall, S., and Michael, C., 1999, 'Re-imagining South African Cultural Studies', *African Sociological Review*, 3(2): 54-68.

Olurode, L., 1998, 'Social Research and Public Policy in Nigeria', *African Sociological Review*, 2(1): 136-152.

Palmary, I., 2002, A *Training Needs Assessment of Johannesburg Metropolitan Police Department*, Johannesburg, Unpublished Report.

Pearson R., and Jackson, C., 1998, 'Interrogating Development: Feminism, Gender and Policy', in R. Pearson and C. Jackson, eds., *Feminist Visions of Development*, London: Routledge.

Sahgal, G., and Yuval-Davis, N., 1990, 'Refusing Holy Orders', *Women Against Fundamentalism*, 1: 3-5.

SAPA, May 26 2000, '2000 Arrested in 'Operation Crackdown', Independent Online.

Tapscott, C., 1995, 'Changing Discourses of Development in South Africa', in J. Crush, ed., *The Power of Development*, London: Routledge.

The Star, February 6, 2002, "Police Raid Four 'Drug Havens' in Hillbrow", Independent Online.

Uchendu, V. C., 1978, 'The Applications of African Studies', in P. Stevens, ed., *The Social Sciences and African Development Planning*, Massachusetts: African Studies Association.

Vilikazi, H., 2001, 'African Intellectuals and the African Crisis: In Honour of Professor Ben Magubane', *African Sociological Review*, 5(2): 74-85.

www.ingramcontent.com/pod-product-compliance
Lightning Source LLC
Chambersburg PA
CBHW030652270326
41929CB00007B/329